* ENGLISH PHONICS

기초를 확실히 배우거나 제대로 가르치려면 알아야 할
기본 중의 기본

## 뚜띠쌤의 너무 쉬운 영어 읽는 법

블로그에서 동영상 강의 제공

| 김현실 지음 |

" 이렇게 쉬운 것을!
오호! 통재라!! 미리 알았더라면
내 인생이 바뀌었을 텐데 … "

우리는 알파벳만 배웠을 뿐.. 읽는 법을 배우지 못했다!!
유치원생에게 조차도 어렵지 않은 것을!!

도서출판 두남

# English Phonics
### 영어 파닉스
## =
# 영어 읽는법
### (= 정확한 발음법)

---

> **이 책이 필요한 분**
> - 내용 모르는 영어라도 일단 잘 읽을 줄 알고 싶은 분
> - 자녀나 학생의 영어 파닉스 학습을 지도하고 싶은 분
> - 소통이 힘든 영어발음을 제대로 교정하고 싶은 분
> - 영어 울렁증을 극복하고 싶은 분

외우려 하지 말고

그저 이해만 하고 넘어가겠다는 마음으로

차분하게 꼼꼼히 읽습니다.

원어민과 말로 안하고 글로 써서 대화할 분이 아니라면

**단어 부분은** 반드시 소리 내어 연습합니다.

이 책은 단어 외우기가 목적이 아닙니다.

읽는법과 발음법을 연습하는 것이 목적입니다.

 **네이버 도서 네티즌리뷰**

### 미국에서 배운 미 중서부 정통파닉스 교육법과 일치합니다.
제가 미국에서 배웠던 미 중서부 파닉스 교육법을 한글로 전환시켜 친절히 설명해 놓으셨네요. 제 블로그에도 이런 내용이 있으니 참고하시면 좋겠네요. 전 이번 추석선물로 책 9권 구입해서 나눠줬습니다.^^  shamaim73

### 여태 구입한 영어책 중에 젤 의욕적으로 보는 중,,^^
그동안 영어공부 해야겠다 맘이 들 때마다 여러 종류에 영어책을 구입했지만,
며칠도 못가서 안보고 포기한 책이 수권이에요,,, 이번엔 조카 영어책이라도 읽어주려고 또 한 번 검색하다가,,
이 책은 단순한 거 같아서 가볍게 보려고 크게 기대 안했는데 생각보다 너무 도움되요~ 이렇게 열심히 책을 잡고 있는게 신기해요^^ 열심히 공부하려고 시작한 게 아니라, 최소한 영어 읽을 때 버벅거리는 걸 공부하려고 했는데, 왠지 영어공부가 하고 싶어졌어요^^ 왜 발음에 대해 이렇게 모르고 있었는지 뚜띠쌤에게 고마운 맘까지 들어요.;;
오버스럽지만ㅎㅎ 단어 읽을 때 망설여지는 분들에게 정말 도움될 꺼 같아요~                bfyjse

### 영어 읽을 줄 알게 되면서 세상이 달라지는 기분
간판이라도 좀 읽을 줄 알고 싶어서 검색하다가 발견한 블로그에서 알고 구입했습니다. 뭔가 희망이 잡힙니다. 장모음법칙은 정말 신기했습니다. 이렇게 별거 아닌 걸 몰랐구나 싶습니다. 다른 고급규칙들은 자꾸 잊어버려서 탈이지 계속 꾸준히 반복하고 블로그에서 시키는대로 1년만 하면 뭔가 되지 않을까 기대합니다. 저처럼 영어울렁증 있는 분들을 위해 리뷰씁니다. 차분히 해보세요. 정말 세상이 달라지는 기분입니다. 강추! ^^     tempdo

### 반세기 동안 해결하지 못한 숙제를 한 달에 해결!!
이런 저런 방법과 좋다는 교재, 그리고 반세기에 가깝게 투자한 시간....
내 생에 해결하지 못할 과제로만 알았었는데.. "너무 쉬운 영어 읽는법"을 만나고 한 달이 채 되지도 않아 해답을 찾아 가고 있답니다. 이런 저런 이유로 영어 배움의 시기를 놓치신 분들께 자신있게 추천드리고 싶은 책입니다. 책장 한 켠에 자리만 차지하고 있는 교제들은 이제 안녕~~~!! 을 고합니다.       imok77

### 엄마가 가르치기 쉬운 파닉스책으로 추천합니다!!
파닉스책은 어떤걸 살까... 고민하다가 많이들 추천하시는 '파닉스큐'를 샀었어요.
진도나가는 동안 엄마인 제가 좀더 수월하게 가르칠 수 있는 방법은 없을까 검색하다 뚜띠님이 운영하시는 블로그를 우연히 알게 되었어요.
그냥 쓱~한번 훑어보았는데 오~ 쉽게 설명이 잘되어 있더라구요.
저희 때는 파닉스를 따로 공부하지 않아서 저도 발음기호대로만 읽었지 정확한 파닉스 규칙은 책을 뒤져봐야 했거든요. 근데 '파닉스큐'는 노래랑 챈트를 따라 부르며 재미있게 익히는 방법이지만 사실 정확한 규칙을 설명해주는 책은 아니잖아요. 그렇다고 파닉스 규칙을 설명해 주는 책들도 도서관에서 몇 권 찾아봤는데 복잡하게 규칙들만 나열돼 있어서 썩 맘에 가는 책이 없더라구요.
근데 뚜띠님 방법은 한글만 제대로 읽고 쓸 수 있다면 아주 수월하게 파닉스를 배우겠더라구요. 가르치는 저도 쉽게 이해가 가고 뚜띠님 방법대로 한글로 풀어서 설명하니 아이도 좀더 수월하게 받아들이더라구요.
지금은 파닉스 떼고 쉬운 리딩책 열심히 읽고 있습니다. 사실 단모음과 장모음만 확실히 한다면 이중자음과 이중모음은 중요한 법칙만 배우고 나머지는 가볍게 짚어만 주고 넘어가도 될듯합니다. 이중모음과 이중자음까지 완벽하게 할려니 착실한 저희애도 나중엔 도망가려고 하더군요..ㅋㅋ

쉬운책 읽기를 계속하면서 그때그때 짚어주는 게 더 효과적인 것 같습니다(이건 순전히 제 개인 의견입니다^^).
암튼 가르치는 엄마도 쉽고 배우는 아이도 쉬운 파닉스 책인 것 같습니다~~
강춥니다!!
juliamin73

### 책 제목처럼 너무 쉬운 영어 읽는법
발음기호를 처음 접했던 중학교시절부터 이 책을 접하기 전까지 모르는 단어는 무조건 찾아 발음기호를 보고 읽었습니다. 생전 처음 보는 모르는 단어를 읽지 못할 때 머릿속에 맴도는 건 발음기호뿐이었죠. 그런데 '너무 쉬운 영어 읽는법' 이 책을 통해 오랫동안 풀리지 않았던 생전 처음 보는 긴~단어를 읽지 못하는 공포에서 해방됐습니다. 이제는 더 이상 발음기호에 의존하지 않아도 단어를 보면 저절로 읽을 수 있게 되었습니다. 연령에 상관없이 한글만 읽을 줄 알면 정말 쉽고 정확하게 발음을 터득할 수 있습니다. 너무 쉬운 영어 읽는법 강추합니다.
sylee1022

### 쉽게 배우는 영어
영어를 배우고 싶으시다면..! 그동안 배우셨는데 읽는법을 확실히 모르시겠다면..! 꼭 거쳐 가야 할 책입니다! 쉬워도 너~무 쉽게 나왔습니다. 꼭 보세요.^^ 후회없습니다.
hjjj1019

### 할머니도 할 수 있다~~
손자들과 함께 놀 수 있고 배울 수 있어 행복한 나날~~ 이예요.
srd114

### 재미있어요~^^
저는 영어 울렁증이 있어서 "이런 거 해도 쓸모없겠지...." 하면서 구입했는데 집에 가서 해보니 완전 잘 외워지고, 돼게 재밌었어요.ㅎㅎ이젠 영어가 재밌어졌어요!!! 뚜띠샘 짱이에여^^
qkrdbwls0225

### 너무 감사한 책입니다.
저희 아이가 초등학교 4학년이에요..다른 공부는 제가 조금씩 봐 줬는데 영어 울렁증 때문에 영어는 아예 일찍부터 학원에 보냈습니다. 그런데 울 아들도 영어를 재미있어 하지 않고 파닉스도 제대로 이해 못하고 영어 학원 가는 걸 너무 싫어했죠~~ 그래서 아이에게 조금이라도 도움이 될까 해서 시작한 영어 공부~~ 사실 그 전에도 영어파닉스 책을 사 보기도 하고 인강도 찾아보고 했지만 책을 열면 모르니까 답답해서 덮곤 했죠~~
그러다가 우연히 만난 [뚜띠쌤의 너무 쉬운 영어 읽는법]은 저뿐만 아니라 아들에게도 영어가 재미있을 수 있다는 생각을 갖게 되었답니다. 전 뚜띠쌤의 강의까지 챙겨 듣고 요즘 영어에 푹 빠져 산답니다. 영어를 파닉스로 안 배운 저희 세대에 딱 맞는~~ 진짜 소원이 있다면 초등학교 교과서로 들어가면 넘 좋을 것 같아요~~ 저한테는 신기루나 다름없는 책이네용..ㅋㅋ 제가 넘 흥분했나요?? 좋은 책 만들어 주셔서 감사합니다. 앞으로도 좋은 책 많이 써 주세요.
wow150

### 이제라도 알았으니 다행이예요
좀더 빨리 이 책을 접하지 못한 것이 아쉽습니다. 영어기초 제대로 하고 싶은 분에게 적극 추천합니다.~~
sangwhee

### 영어를 본격적으로 공부하기로 마음먹었을 때 공부했던 첫 영어시작의 책
영어를 완전히 놓고 있었는데 기초부터 다시 잡자하며 파닉스를 알아보던 중 우연히 알게 된 책이에요. 영어 읽기부터 제대로 하지 못했던 저에게 평소 왜 이렇게 읽었나 했던 것들에 대해 알게도 되고 약간의 법칙들만 알면 더 쉽게 읽을 수 있었던 것을! 왜이제서야 공부 했나 싶었어요. ㅎㅎ 한글로 대입해서 좀더 쉽고 재미있게 공부했

고... 성인을 위한 책이라고 해서 너무 수준이 낮거나 하지도 않았던 저한테 잘 맞던 책이었습니다. 제 주위에 영어 못 읽거나 기초가 필요한 사람이 있다면 추천해 주고 싶어요^^
jspr88

### 설명도 좋고
내용도 좋고 블로그도 있어서 더 좋구요 누구에게나 믿고 추천해 줄 책이구요 영어 못 읽는 까막눈이였는데 이젠 읽을 수 있다는 게 너무 행복해요. ㅎㅎ 뜻은 몰라도 읽을 수 있는 게 참 좋아요 뚜띠쌤짱
daae1451

### 대학교 졸업했는데 부끄럽게도
영어를 제대로 배우질 못해서 쉬운 단어 말고는 읽지를 못했습니다. 그래서 계속 영어를 읽지를 못 했어요 학교 영어시간에 읽는 거 시킬까봐 항상 긴장의 연속이었는데 영어 공부를 하면서도 아는 영어 아니면 제대로 읽지를 못하는 게 항상 고민이었는데 인터넷에 영어읽는법 검색하다가 이 책을 알게 되서 보는데 여기대로 따라하는데 읽게 되더라구요 빨리빨리 읽는 건 연습이 더 필요하지만 느리지만 정확히 읽어지는 게 너무 좋았어요. 중고등학교 때 이 책을 봤으면 어땠을까 싶어요.. 이제 영어 시작하는 부모님께 선물드렸네요 ㅎㅎ 영어 읽지 못하시는 분들 이 책 꼭 보세요!!!!!
meal60

### 학교 다닐 때 알았으면 좋았을텐데~ 너무 좋아요~
어머나... 이런 방법을 왜 학교에서는 안 알려줬을까요~ 지금이라도 접하게 되서 너무 좋아요~ ^^ 글씨도 크고, 설명도 자세하니~공부가 절로 되네요~ ^^
vivien100

### 정말 진작에 알았더라면~~
그 동안 영어공부를 하려고 많은 교재, 인강, 좋다는 학원도 기웃거렸지만 워낙 기초가 없어서 중도에 포기했지요. 우선 읽을 수 있어야 단어도 쏙쏙 들어오고 쉽게 접근할 수 있었을텐데… 제는 그게 되지 않아서 영어가 어려웠지요. 이 책은 정말 자세하게 읽는법이 나와 있어 저처럼 아무것도 모르는 아줌마에게는 둘도 없는 선생님입니다. 하루아침에 잘할 수 없듯이 이 책을 마지막으로 열심히 기초를 다져 앞으로 영어가 발전했으면 좋겠습니다. 아이들과 저는 같이하는데 더욱 좋은 책입니다.
jessica0627

### 영어는 파닉스, 중국어는 Pinyin을 알아야 영어, 중국어 기초가 잡히는 것
도서 구매했습니다. 먼저 감사합니다.ㅠㅜ 영어책만 보면 한숨만 나왔는데요;; 이거 보고 단어 읽을 수 있게 되면 정말 단어 외우는데 많은 도움이 될 것 같아요. 홍콩에서 중문대 북경어 어학원에서 1년 동안 중국어를 배웠는데요. 남들 영어로 말할 때 벙어리였구요(발음이 틀려서리);; 어학원에서 Pinyin을 먼저 가르쳐 주어서 어떻게 읽어야 하는지 가르쳐주니 북경어는 발음 하는데;; 영어는 제가 중1부터 땡땡이를 쳐서 ;; 기초가 아예 없어서 어떻게 공부해야 하는지 몰라. 몇 년 동안 여러 가지 책 사보고 했지만;; 단어를 외우려고 하면 발음하는 법을 잘 몰라;; 단어 외우기가 쉽지 않더군요. 단어를 읽을줄 모르는데..... 눈으로 보며 써서 외우면 머리에 안 들어옵니다. 발음+눈+쓰기가 되어야 단어가 잘 외어지는 듯.... 중국어는 제가 배웠던 글자들 보면 배운지 몇 년 지났어도 글자를 보면 다시 쓰지는 못해도 바로 발음하고 뜻이 생각납니다.
정말 감사드립니다. 드디어 영어 단어를 읽을 줄 알게 되면 제가 막힌 부분(긴단어발음+문장발음)을 뻥 뚫어줄 것 같아요. 저같이 영어 못하시는 분들은 먼저 이거 보시고 기초영어책 사셔서 보시면 최소한 기초영어책에 있는 모르는 단어들 사전에서 발음기호 일일이 찾는 수고는 없을 거라 생각됩니다.
hjin3617

## 와글와글 나도 한마디씩~~

### 가르치려는 분들에게 필요한 책!

- 학생들에게 가르칠 영어 자료로 굉장히 좋네요^^ ♥ 베이비콩콩
- 제 과외학생이 영어를 못 읽어서 자료 찾고 있었는데 너무 좋아요! ♥ 대학생 과외쌤
- 야학에서 어머님 아버님들에게 영어를 가르쳐드리고 있는 대학생입니다.^^
  이제 막 영어를 처음 시작하고 계세요. 그래서 파닉스를 시작하려 했는데,
  너무나 유용하네요. 감사합니다. ♥ 야학교사 대학생
- 아이들보다 제가 더 실하게 사용할 듯 하네요.. ♥ 공부방 교사
- 노인문해교육에도 7차교육과정이 적용되어 영어단어가 교재 중간 무렵에 갑자기 튀어나오네요.
  그래서 고민하다 새 학기에는 국어시간에도 파닉스를 알려드리면 좋을 것 같아 찾아보니,
  이런 끝내주는 방법이!!! 아, 우리 할머니들께 정말 도움되겠어요. 유레카~유레카^^ ♥ 노인학교 교사
- 제가 초등학생 1학년 아이를 영어 튜터링 하고 있는데 파닉스를 어떻게 가르쳐야 하나 막막했거든요
  근데 이렇게 좋은 정보를 알게 되어서 너무 기쁩니다~~!
- 중2 영어하위권을 가르치고 있는 대학생 과외쌤입니다
  읽는 법부터 다시 가르쳤더니 학생이 공부하려는 의지가 좀 생기는 듯 합니다.
- 학원강사입니다. 저도 제대로 파닉스를 정식으로 배워본 적이 없어서 제게 맞는 교재를 찾다가 뚜띠님
  교재를 발견했습니다. 아이들 지도할 때 정말 도움이 많이 됩니다. 감사합니다. ♥ 제주도 도라에몽
- 아이들 지도하기에 정말 많은 도움이 되었습니다. 감사합니다. ♥ 장미애 초등영어교사

### 영어발음이 좋아졌어요.

- 많은 도움이 되었습니다 한국인의 입장에서 영어 발음을 가르쳐주시니 더욱 효과적인 것 같습니다.
  감사합니다. ♥ 조성환
- th 발음 등 영어발음 때문에 항상 헷갈렸는데 속 시원히 설명 잘해주시네요!
- 지인의 소개로 알게 되었습니다. 자세하게 설명되어 있어서 저도 많이 배웁니다.
- 저는 노래할 때 음치라 그런지 영어발음도 발음치(?)입니다. 뚜띠님 교재를 소리내어 읽으면서 연습하다 보니
  발음이 좋아졌어요. 앞으로도 소리 내어 읽는 연습을 꾸준히 하면 노래는 음치탈출 못해도 영어 발음치(?) 탈출
  은 할 수 있을 것 같아요. ♥ 이수경 (37세) 직장인

### 영어도 잘 가르치는 멋진 엄마 아빠가 되고 싶어요

- 아가 홈스쿨링 전에 엄마 아빠 먼저 공부하려고 찾다가 운좋게 좋은 교재를 만났습니다.
  열심히 공부해서 울 아가 바른영어 교육하겠습니다. ^^ ♥ 고냥줌마
- 아이 영어 공부 가르치려고, 저부터 파닉스 해보내요 ^^ - 민주맘
- 감사해요.. 저 어릴 때 학원에서 이렇게 배웠었는데.. (한글로..) 자료 찾고 있었거든요.
  우리 딸 가르쳐 주려고 체계적으로 된 거 있나 찾아보고 있다가 제대로 발견했습니다. ♥ 연우이쁘
- 아이 영어공부 때문에 속상했는데 많은 도움받을 수 있을 것 같아요.
  아이들과 다시 화이팅하여 열심히 해보겠습니다. ♥ 김명자(42세) 주부
- 초등 1학년 아빠입니다. 제가 학교 다닐 때는 무작정 공부했는데 뚜띠쌤의 교재를 발견하고 보니 너무 쉽고
  재미있습니다. 제 아이들 교육에 큰 도움이 되겠습니다. 좋은 교재에 정말 감사드립니다. ♥ 문은구
- 요즘 5살 아들이 어린이 집에서 영어를 배우는데 제가 잘 몰라서 지도를 해주지 못하니 스트레스 받고 있었습
  니다. 뚜띠님 교재로 읽는 법과 발음법을 공부하니 아이 동화책을 읽을 줄 알게 되어 큰 도움이 되었어요.
  ♥ 최 민경 34세 주부

## 와글와글 나도 한마디씩~~

- 영어 한자 제대로 못 읽고 있는 아빠의 모습을 보여주기 싫었지만 어떻게 해야 할지 막막했어요. 뚜띠님 책으로 희망을 찾았습니다. ♥ 30대 후반 아빠
- 초등 2학년 딸아이에게 영어 사교육을 2년이나 시켰는데 아직도 읽기를 못합니다. 제가 공부해서 가르치려고 뚜띠님 교재로 시작했습니다. ♥ 김은희
- 우연히 알게 되었는데 너무 좋습니다. 꾸준히 공부해서 딸아이 가르치고 있는데.. 파이팅입니다... 너무 좋아요..^^ ♥ 수종마덜
- 돌쟁이 둔 32살 엄마입니다.. 그 동안 영어 때문에 살아온 날들이 항상 자신이 없습니다. 아이를 낳고 보니 더더욱 마음은 조급해지고 영어단어만 봐도 속이 울렁거리고... ㅎㅎ 정말이지 전 학교를 뭐 하러 다녔나 싶을 정도입니다.. 그러다 뚜띠님 교재로 파닉스 공부 시작했습니다. 제 마음을 완전 다 내놓고 말할 수 있으니 너무 감사한 일입니다. 우리 아들에게 정말이지 부끄러운 엄마가 되지 않아야겠다 싶어서 정말 파닉스부터 다시 시작해 보려구여. 이젠 영어를 겁내는 것부터 버릴 수 있을 것 같아요. ♥ 김주은(32) 주부

### 유치원생 우리아이들을 위해…

- 저는 5살 6살 연년생을 둔 엄마입니다. 저 어릴 때는 중학교에 가서야 영어라는 과목을 접할 수 있어서 무척이나 어렵고 체계적인 수업보다 무조건 외우기에 급급했었는데, 요즈음은 어릴 적 조기교육으로 빨리 접하는 거 같더라고요!!! 지금은 천천히 뚜띠선생님의 방식으로 아이들에게 모음~자음 영어 읽는 방법으로 가르치고 있습니다. 엄마가 시간 나는 대로 틈틈이 지도하고 있어 상당한 수준은 아니지만 더 빨리 이해하는 건 확실하거든요. 꾸준히 5년 잡고 알아간다면 영어가 어렵고 힘든 과목이 아니라 한글처럼 그냥 조금 다른 말로 알지 않을까요??? ♥ 붉은 여우

### 제2의 미래를 위해

- 이제 영어공부 필요성을 느낀 34세 직업군인입니다. 뚜띠님 교재로 파닉스 공부하고 제대로 다시 시작합니다.
- 긴 단어나 처음 보는 단어를 읽기가 어려웠는데 다시 시작해보려고 합니다. 영어는 그냥 무조건 해두어야 한다고 강조하는 인생선배들의 조언을 따르려고요. ♥ 30대 직장인
- 외국인과 영어대화를 꿈꾸는 초보엄마입니다. 대학까지 나와도 영어랑은 어쩌면 이렇게 친해지기가 어려운지.. 기초가 거의 없다 보니 조금 하다가 엉키기 시작해서 중단하기를 몇 번.. 그러다 발견한 뚜띠님 자료!! 아기 재워놓고 틈틈이 하고 있습니다. 이제 영어가 훨씬 쉬워질 것 같아 즐겁습니다. ^^ ♥ 초보엄마

이제 여러분의 희망과 성공의 스토리가

멋지게 쓰여질 차례입니다.

열공! 화이팅!! ^^

# Contents

## Warming up

- 쓰는법과 읽는법 구별하기 ········· 9
- 영어와 한국어 발음법의 가장 큰 차이 ···· 11
- 치명적 주의 발음 ··············· 12
- 의외로 까다로운 '씨'의 발음 ········ 14
- 한글과 통하는 알파벳의 소리값들(자음) ··· 16
- 알파벳과 소리값 ················ 18
- 알파벳 소리값 외우기 전 참고사항 ······ 19
- 모든 소리의 기본: 모음 ············ 21
- 필독!! 이 책의 활용법 ············ 22
- 필독!! 이 책에서의 영어발음 한글 표기법 ·· 23

## Practice

- 기초 단모음 조합 연습 ············ 25
- 두 가지 소리를 내는 알파벳 두 개를 기억 하시나요? ··············· 28
- 단모음으로 단순하게 읽기 ·········· 29
- 장모음으로 길게 읽기 ············ 33
- 장모음을 하지 않는 O 이중모음: oo/ ou/ ow/ oi/ oy ············· 41
- 우리에겐 비슷하지만 사실은 전혀 다른 소리들: b와 v ············ 49
- 무성음과 유성음 ··············· 53
- 비슷해 보이지만 다른 소리들: c, k, ck, kn, q, g ············· 55
- C, G 두 가지 소리를 내는 글자들 ······ 63
- 비슷해 보이지만 다른 소리들: d, th, t, th와 s 구별 ··········· 67
- 비슷해 보이지만 다른 소리들: f, p, ph ··· 75
- 비슷해 보이지만 다른 소리들: l, r, 모음+r, l묵음 ············· 81
- 비슷해 보이지만 다른 소리들: j, z, s ··· 91
- 비슷해 보이지만 다른 소리들: s, sh, ch, ps ·················· 95

- 초보가 실수하기 쉬운 비슷한 두 발음: m, n ··················· 103
- 비슷해 보이지만 다른 소리들: w, wh, wr 107
- 약간의 주의가 필요한 소리들: x, y ······ 111
- 비슷해 보이지만 다른 소리들: igh, ugh 115
- 이중 모음 au, aw, eu, ew ············ 121
- 이중 자음 ng과 묵음조합 mb ········· 125
- 비슷해 보이지만 다른 소리들: gn, gu ·· 129
- 변하는 t 소리: ㅌ아닌 ㅅ, ㅊ으로 소리나는 경우: -tion, -tious, -stion, -tr-, -ture ··· 133
- 모음1단어 = 장모음 ················ 139

## 왕초보 시작 도우미 and more…

- 여러 글자를 한 글자처럼 읽기 ········ 141
- 연속자음 읽기훈련 ··············· 143
- all로 읽는 단어들 ··············· 147
- al- 많이 사용되는 al 단어들 ········· 148
- 발음조심 초급단어들: say/says/said, was/were, want/won't, work/walk, 세 가지 포크 ·················· 149
- 단어의 복수형이나 과거형 읽는 법 ······· 151

[영어 동요와 팝송으로 읽기와 발음 연습]
- 동요 : Twinkle Twinkle Little Star ······· 20
- 동요 : London Bridge is Falling Down ·· 48
- 팝송 : LOVE ·················· 80
- 동요 : Row Row Row your boat ········ 86
- 팝송 : what a wonderful world ······· 132
- Tong Twisters ············ 24, 38, 114

- 초등학생 파닉스 지도법 ············· 154
- 초등 저학년 소리값 외우기 지도요령 ····· 156
- 초등저학년 모음 쉽게 외우는 법 ········· 157

- Tip : 원어민처럼 발음하는 노하우 1 …… 54
- Tip : 원어민처럼 발음하는 노하우 2 …… 106

- FAQ : 파닉스 규칙만 알면 100% 읽을 수 있나요? …………………………………… 52
- FAQ : 장모음, 어떤 것은 장모음으로 읽고 어떤 것은 안 읽나요? ………………… 66
- FAQ : 이중자음th 발음 어떻게 하나요? … 71
- FAQ : f발음이 너무 어려워요. ………… 76
- FAQ : 세련되게 발음하는 요령 ………… 138
- FAQ : 비슷한 소리가 나는 각기 다른 영어발음기호는 어떻게 구별하죠? ……… 140
- FAQ : 장모음, 대체 어떤 때 지키고 어떤 때 안 지키나요? …………………… 158
- FAQ : 영어발음이 구려서 슬퍼요. ……… 160
- FAQ : 파닉스 학습은 언제까지 얼만큼 해야 하나요? …………………………… 162

- FAQ : 발음기호와 한글파닉스의 차이, 발음기호는 필요없나요? ………………… 162
- FAQ : 영국식 발음과 미국식 발음 ……… 165

- 김연아 선수가 '유나 킴'인 이유 ………… 47
- 생활 속 영어발음 교정: 슈퍼맨과 슈퍼마켓 ……………………………………………… 47
- 에피소드 : r 발음이야기 ………………… 82
- 에피소드 : L 발음 때문에 ……………… 89
- 우리에게도 친숙한 영어 속 프랑스 외래어 ……………………………………………… 101
- 에피소드 : 액센트의 효과 - 오픈 콘돔 스타일 ……………………………………………… 120
- 에피소드 : Dream의 뜻은 밥그릇 ……… 167
- 에피소드 : 액센트 굴욕사건 …………… 169

- 세계가 인정하는 최고의 표음문자, 한글 … 171

### 쓰는법과 읽는법 구별하기

**여러분이 처음 글을 배우고 있다면 '버스'와 'Bus'를 어떻게 읽으시겠습니까?**

| 버스 | 1. 비읍, 어, 시옷, 으 ➡ 버스?? <br> 2. 브, 어, 스, 으 ➡ 버스 |

| BUS | 1. 비, 유, 에스 ?? <br> 2. 브, 어, 스, 으 ➡ 버스 |

**어떻게 읽어야 바람직할까요?** 1번? 2번? 당연히 2번이지요.
쓰는법과 읽는법은 아래처럼 다른 것입니다.

| 버스 | 1. 비읍, 어, 시옷, 으 ➡ 버스    ← 쓰는법(철자법) <br> 2. 브, 어, 스, 으 ➡ 버스    ← 읽는법(발음법) |

| BUS | 1. 비, 유, 에스 ➡ 버스    ← 쓰는법(철자법) <br> 2. 브, 어, 스 ➡ 버스    ← 읽는법(발음법) |

**한글과 영어는 소리를 표기하는 표음문자이므로 서로 호환성이 높습니다.** 물론 영어의 소리를 정확히 한글로 쓸 수는 없습니다. 외국어는 물론 동물소리, 바람소리 등 모든 의성어가 한글로 비슷하게 쓰일 뿐 100% 정확히 그 소리는 나타낼 수는 없습니다. 그러나 우리에게 친숙한 한글이 주는 소리의 이미지를 영어 읽는법 익히기에 활용하면 초보가 영어 읽는 법을 배우는 일은 아주 많이 쉬워집니다. 이 책에서는 유네스코와 세계적인 언어학자들이 인정하는 한글의 표음능력을 활용하여 사전 없이 모르는 단어도 읽을 줄 아는 방법을 쉽게 배우도록 설명하였습니다.

예문의 단어 수준이 너무 낮아 보이나요?

**대충 아는 기존의 지식은 다시 제대로 배우는 일에
가장 큰 방해가 되기도 합니다.**

이미 아는 쉬운 단어인데 알파벳 한 글자씩 따로 소리를 내는 연습을 하려면 의외로 어려울 수도 있습니다. 입술의 위치와 혀의 위치를 확인하고 소리의 강약- 액센트까지 신경 써서 제대로 읽는 법을 연습하려면 이미 알고 있던 단어인데도 새롭게 느껴질 것입니다.

그러므로 처음 영어를 접하는 분이 아니라면

**외우고 대충 추측해서 읽는 오래된 습관을
고쳐야 합니다.**

처음부터 다시 시작하는 마음으로 이미 알고 있는 쉬운 단어들도 제대로 **소리내어** 읽는 연습을 하길 바랍니다.

눈으로만 보며 공부하고 소리를 내지 않는다면 효과는 반 이하입니다. 여러분이 글씨로만 써서 영어로 소통할 것이 아니라면 반드시 혀와 입술을 정확히 움직이면서 입 주변의 근육이 '영어화'되어야 합니다.

**반드시 소리 내어 읽으면서 연습하세요!!**

## 영어와 한국어 발음법의 가장 큰 차이

한글은 한 글자가 두 개 이상의 자음 모음 조합을 가지고 한꺼번에 소리를 냅니다. 예를 들어 '한글'이라는 단어는

---

**한국인의 한국어 발음법**

'**한**' : 초성(ㅎ)+중성(ㅏ)+종성(ㄴ) = 세 요소를 <u>한꺼번에</u> 소리를 냅니다. "**한**"
'**글**' : 초성(ㄱ)+중성(ㅡ)+종성(ㄹ) = 세 요소를 <u>한꺼번에</u> "**글**"

---

그래서 우리는 '한글'이라고 발음을 합니다. 우리는 이렇게 요소가 뭉쳐진 소리를 내는 일에 익숙합니다만, 알파벳을 사용하는 사람들은 그렇지 않습니다.

---

**원어민의 한국어 발음법**: <u>영어단어 알파벳을 늘어놓은 듯 발음</u>

**한글** : 'ㅎ ㅏ ㄴ ㄱ ㅡ ㄹ' ➡ '흐아은 그으을' ➡ **흐안그을**(한글)

**감사합니다** : ㄱ ㅏ ㅁ ㅅ ㅏ ㅎ ㅏ ㅂ ㄴ ㅣ ㄷ ㅏ
➡ 그아암 스아 흐아암 느이 드아 ➡ **그암 스아 흐암 느이 드아**(감사합니다)

---

이런 식으로 이어서 발음하기 때문에 외국인들은 한국인과 같은 한국어 발음을 하기 어려운 것입니다.

그러니까 역으로 우리가 영어를 하려면 알파벳의 소리를 하나하나 내는 기분으로 발음해야 원어민식의 영어를 발음하게 되겠지요. 이렇게 알파벳 소리를 하나하나 나열하는 기분으로 발음 연습하는 것은 좋은 발음을 갖는 기본원칙입니다.

> **치명적 주의 발음**
> - 우리말에는 없는 발음 F, V
> - 반드시 구별해야 하는 ㄹ소리 L, R

## 머릿속에 각인시키기!!

입술끼리 닿으면 안되는 두 가지

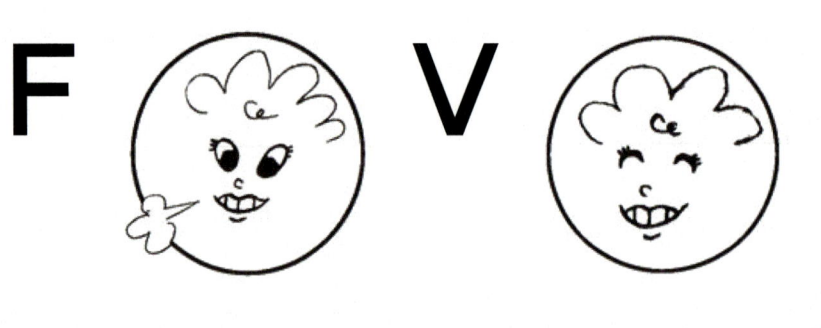

혀의 위치를 조심해야 하는 두 가지

## 이것만 지키면 완전 원어민 발음!

**f 프**

입술끼리 닿으면 안돼요!

윗입술대신 윗니를
아랫입술에 대고
바람을 불어 내는
'프'~ ㅍ의 소리

토끼이빨모양

**v 브**

입술끼리 닿으면 안돼요!

윗입술대신 윗니를
아랫입술에 대고
'브'~ ㅂ의 소리

토끼이빨모양

**l 르**

혀끝이 윗니뒤에 닿아요!

l은 맨 앞에 있지 않으면
앞글자의 '받침ㄹ' 소리를 내요.
단어 맨 앞에 있으면?
혀끝을 앞니 뒤 입천장에 닿으면서

**r 르**

혀가 입안에 닿으면 안돼요!

입안에 혀를 닿지 않고 나는
ㄹ소리라서 구르는 소리가 나요

---

그리고 아래 두 가지 더 있습니다.
★ **의외로 까다로운 '씨' 발음:** [씨] 소리 낼 일 있을 땐 무조건 [씌-]
  자세한 내용은 나중에 자세히 P.14에서 공부합니다.
★ **혀끝을 살짝 내미는 th발음이 있습니다.** 나중에 자세히...

여기에 있는 발음 6개만 지키면 영어발음 걱정 끝!!

## ● 의외로 까다로운 '씨'의 발음 [씨]X, [쓰l]O

영어에는 [씨]소리 - **혀가 안으로 당겨진 소리** - 가 없어서 우리가 [시/ 씨]라고 하면 원어민들은 알아듣기 어렵습니다. 그러니 이제부터 모든 [씨] 소리는 혀가 당겨진 [씨]소리가 아닌, [시]라고 할 때처럼 혀가 펴진 상태에서 [스이]를 부드럽게 빨리 발음 ➡ [쓰l]라고 소리 내도록 합니다.

| | [시/씨] 소리의 콩글릿시 발음 | 원어민식 발음 |
|---|---|---|
| ABC | 에이 비 **씨** (X) | 에이 비 **쓰l** (O) |
| sister | **씨**스터~ (X) | **쓰l**스터~ (O) |
| six | **씨**스 (X) | **쓰l**스 (O) |
| sit | **씨**트/씯 (X) | **쓰l**트/씯 (O) |
| since | **씬**-스 (X) | **쓴l**-스 (O) |
| sing | **씽** (X) | **씡** (O) |
| simple | **씸**플 (X) | **씜**플 (O) |
| single | **씽**글 (X) 싱글 (X) | **씡**글 (O) |
| scissors | **씨**저스 (X) | **쓰l**저스 (O) |
| scene | **씬** (X) | **쓴l** (O) |
| receive | 리**씨**-v브 (X) | 리**쓰l**-v브 (O) |

### Break

제가 유학시절 호주 현지인 친구들은 제 이름에서 [현]의 발음을 어려워했고, [실]은 아무리 반복해 들려주어도 [셜]로 발음하곤 했습니다. 그들에게 없는 소리라서 흉내내기가 어려웠던 것입니다. 여러분 이름 중에 [시] 소리가 들어가는 이름인 분들은 영어권에서 저와 같은 어려움을 겪으실 것입니다. 예를 들어 영식이란 이름이 있다면 원어민들은 [영쉭]이라고 할 것입니다. 혀가 당겨진 [시] 소리가 영어에 없어서 그렇습니다.

### ○ 알파벳 소리값 외우기 전 참고사항

- ㄷ, ㄹ, ㅁ, ㅂ 등 자음은 모음없이 혼자 소리 날 수 없으므로 [으] 소리의 도움을 약간만 받습니다. [으]소리는 존재감없이 약하게 소리내주세요. ex: ㄷ[드], ㅂ[브], ㅅ[스], ㄹ[르], ㅁ[므] 등.
- L은 혀끝이 앞니 뒤에 닿아 **바로 앞 글자의 받침 ㄹ**소리를 냅니다.
  살짝 **[을]처럼 발음하면** 혀가 저절로 위에 닿아서 정확히 발음하기 쉽습니다.
- O : 미국식은 [아], 영국식은 [오]
  우리는 입을 [아]모양으로 크게 열고 소리는 [오]를 내는 기분으로 발음하면 됩니다. 우리는 세계 공통어로서 공부하므로 너무 미국식이나 영국식에 치우치지 않는 것이 좋겠습니다. 철자는 정해진 것이므로 정확해야 하지만 발음은 개인 간에 약간의 차이가 있으므로 액센트와 주의 발음만 지키면 나머지 모음의 발음은 '정확함'에 너무 많은 걱정은 하지 않아도 됩니다.
- 이 책에서 W, X, Y의 소리값은 원어민 방식과 다르게 한국인 발음방식으로 한국화했습니다. 원어민의 파닉스 소리값은 우리와 발성구조가 달라서 초보가 처음 배우기 쉽도록 한 것입니다.
  예를 들어 X의 소리는 원어민은 '크스'라고 가르치는데 이것을 우리의 발성구조에 대입하면 BOX는 [브-아 크스 = 바크식가 되기 쉽습니다. 그러나 우리말 발음식으로 약간 조절해서 [윽스]로 대입하면 BOX는 [브아윽스 = 박스]로 쉽게 이해되기 때문입니다. W와 Y도 마찬가지 이유입니다.

| 소 리 값 | W | X | Y |
|---|---|---|---|
| 원어민식 | 워 | 크스 | 여 |
| 한국어식 | 우 | 윽스 | 이 |

- H = 헤이취 미국영어권(미국, 캐나다, 일본, 한국, 몽고, 필리핀)을 제외하고 영어가 통용되는 나머지 나라들은 모두 영국영어권에 속합니다. 영국영어권에서는 H를 [헤이치]라고 발음한다는 사실은 우리에게는 매우 생소합니다만 꼭 알아두어야 할 점입니다.

 ### 한글과 통하는 알파벳의 소리값들 (자음)

| | 글자 ➡ 표기 | 소리 | | 글자 ➡ 표기 | 소리 |
|---|---|---|---|---|---|
| B | 비 ➡ ㅂ | [브] | F | 에프 ➡ fㅍ | [fㅍ] |
| D | 디 ➡ ㄷ | [드] | L | 엘 ➡ ㄹ | [르] |
| J | 제이 ➡ ㅈ | [즈] | M | 엠 ➡ ㅁ | [므] |
| K | 케이 ➡ ㅋ | [크] | N | 엔 ➡ ㄴ | [느] |
| P | 피 ➡ ㅍ | [프] | R | 알 ➡ ㄹ | [르] |
| Q | 큐 ➡ ㅋ | [크] | S | 에스 ➡ ㅅ | [스] |
| T | 티 ➡ ㅌ | [트] | X | 엑스 ➡ ㄱㅅ | [윽스] |
| V | 브이 ➡ vㅂ | [vㅂ] | Z | 즤 ➡ ㅈ | [즈] |

- '엘/엠/엔'은 모음이 아니므로 [에]소리가 아닌 [ㄹ/ㅁ/ㄴ]이 소리값입니다.
  X의 소리는 [윽스]의 소리이고, 소리표기 시에는 앞 글자에 [받침ㄱ+스]입니다.
- 같은 ㅈ의 소리를 가진 J와 Z의 구별
  J = 그냥 우리 식으로 부담 없이 [즈] 소리 내면 됩니다.
  Z = [즈이] 하는 기분으로 혀가 입 아래쪽에 붙은 상태에서 [즈이 ➡ 즤--]의 [즈] 소리

 ### 소리값이 비슷한 알파벳 사촌들

아래 두 종류는 같다고 생각하면 초보가 배우기에는 도움이 됩니다.

| | |
|---|---|
| i = y | 엄밀히 따지면 다른 소리들이지만 영어를 배우는 한국인 초보입장에서 처음엔 같은 소리로 생각하는 것이 배우기 쉽습니다. |
| u = w | U의 소리 [어/유/우] 중에서 w는 [우] 소리를 냅니다.<br>W는 [워]에 가까운 [우] 소리인데 초보는 흉내내기 어려우니 처음에는 [우]로 영어 읽는법 배우기를 시작합니다. |

16

# C, G 두 가지 소리를 내는 글자들

| C [씨] 니까<br>[스] 소리이어야 하나,,,<br>**C 씨**=[크/스] | [크]소리가 1순위!<br>자기소리인 [스]소리는 2순위!<br>그러니까 일단 [크]로 외웁니다. |
|---|---|
| G[쥐]니까<br>[즈] 소리이어야 하나,,,<br>**G 쥐** = [그/즈] | [그]소리가 1순위<br>자기소리인 [즈]소리는 2순위!<br>그러니까 일단 [그]로 외우세요. |

C와 g가 제 소리를 찾아 [ㅅ]와 [ㅈ] 소리를 내는 경우는 c와 g 바로 다음 글자가 e/ i/ y인 경우이며 나중에 따로 학습합니다(P.63).

# 두 개의 [ㅈ]소리: J와 Z - 비슷하지만 다른 소리

| J | 우리 발음식으로 비교적 부담없이 [즈] 발음 |
|---|---|
| Z | 혀의 옆면이 모두 아랫니와 닿도록 편하게 쭉 펴진 상태에서 혀와 입천장사이에 종이 한 장 정도의 틈을 두고 [즈]. **입천장과 앞쪽 혀 사이가 가까워서** 진동소리가 납니다. 살짝 부담스러운 [즈] 소리 |

# 소리 내어 읽으며 소리값을 써 봅시다. (주의발음 조심!!)

| | 글자 ➡ 표기 | 소리 | | 글자 ➡ 표기 | 소리 |
|---|---|---|---|---|---|
| B | 비 ➡ ㅂ | [ 브 ] | F | 에프 ➡ f | [ f ] |
| D | 디 ➡ | [ ] | L | 엘 ➡ | [ ] |
| J | 제이 ➡ | [ ] | M | 엠 ➡ | [ ] |
| K | 케이 ➡ | [ ] | N | 엔 ➡ | [ ] |
| P | 피 ➡ | [ ] | R | 알 ➡ | [ ] |
| Q | 큐 ➡ | [ ] | S | 에스 ➡ | [ ] |
| T | 티 ➡ | [ ] | X | 엑스 ➡ | [ ] |
| V | 브이 ➡ v | [ v ] | Z | 즤 ➡ | [ ] |
| C | 씨 ➡ | [ ][ ] | G | 쥐 ➡ | [ ][ ] |

 알파벳과 소리값

| A a | B b | C c | D d | E e |
|---|---|---|---|---|
| 애이 애 | 비 브 | 씨 크 | 디 드 | 이 에 |

| F f | G g | H h | I i | J j |
|---|---|---|---|---|
| 에프 프 | 쥐 그 | 에이취 흐 | 아이 이 | 제이 즈 |

| K k | L l | M m | N n | O o |
|---|---|---|---|---|
| 케이 크 | 엘 ㄹ르 | 엠 므 | 엔 느 | 오 오/아 |

| P p | Q q | R r | S s | T t |
|---|---|---|---|---|
| 피 프 | 큐 쿠 | 알 르 | 에스 스 | 티 트 |

| U u | V v | W w |
|---|---|---|
| 유 어 | 브이 브 | 더블류 우 |

☐ : 모음
○ : 알파벳과 비슷한 소리
△ : 주의 소리

| X x | Y y | Z z |
|---|---|---|
| 엑스 윽스 | 와이 이 | 지 즈 |

**알파벳과 소리값** - 정확한 발음으로 소리 내어 읽으며 써봅니다.

| A a | B b | C c | D d | E e |
|---|---|---|---|---|
| 애이 | 비( ) | 씨( ) | 디( ) | 이( ) |

| F f | G g | H h | I i | J j |
|---|---|---|---|---|
| 에프( ) | 쥐( ) | 에이취( ) | 아이( ) | 제이( ) |

| K k | L l | M m | N n | O o |
|---|---|---|---|---|
| 케이( ) | 엘( ) | 엠( ) | 엔( ) | 오( ) |

| P p | Q q | R r | S s | T t |
|---|---|---|---|---|
| 피( ) | 큐( ) | 알( ) | 에스( ) | 티( ) |

| U u | V v | W w |
|---|---|---|
| 유( ) | 브이( ) | 더블류( ) |

☐ : 모음
○ : 알파벳과 비슷한 소리
△ : 주의 소리

| X x | Y y | Z z |
|---|---|---|
| 엑스( ) | 와이( ) | 지( ) |

# English Phonics

### 지금까지 배운 것을 동요로 연습해 볼까요?

한 글자씩 꼼꼼하게 소리를 써보세요.
※ 맨끝 e는 소리 없음
※ 굵은 글씨는 장모음
※ 미리보기: wh[우], igh [아이], ar/er [아~/어~], ow [아우]
※ 같은 소리 두 번은 한 번만
※ ㄴ은 받침 ㄹ

① Twinkle, twinkle, little star, 반짝반짝 작은 별
\_ \_ \_ \_ 클 x, \_ \_ \_ \_ \_ x, \_ \_ \_ x, \_ \_ 아~

② How I wonder what you are. 넌 어떻게 그렇게 멋지니?
\_ 아우 아이 \_ 언 \_어~ \_ 아트 유 아~x

③ Up above the world so high, 그렇게 높은 곳에서
\_ \_ 어 \_ \_ \_ x 더 \_어~ \_ \_ \_ \_ \_ 아이

④ Like a  diamond in the sky. 하늘의 다이아몬드처럼
\_ \_ \_ x 어 \_ \_ \_ \_ \_ \_ \_ \_ \_ 더 \_ \_ \_

⑤ Twinkle, twinkle, little star, 반짝반짝 작은 별
\_ \_ \_ \_ 클 x, \_ \_ \_ \_ 클x \_ \_틀x \_ \_아~

⑥ How I wonder what you are.
넌 어떻게 그렇게 멋진지 정말 궁금해
\_ 아우 아이 \_ 언 \_어~  \_ x아트  유  아~x

---

① 트우이ㄴ 클x 트우이ㄴ클, 르이틀x 스트아~ —— 트윈클, 팅클 리틀 스타~
② 흐아우 아이 우어ㄴ덜 우왙 유 아~x —— 하우 아이 원더~ 왙 유 아~
③ 어 ㅍ 어브오브x 더 월드 소 하이 —— 엎 어버브 더 월드 소 하이
④ 라이크 어 드아이아모ㄴ드 이ㄴ 더 스크아이 —— 라잌 어 다이아몬드 인 더 스카이
⑤ 트우이ㄴ 클x 트우이ㄴ클, 르이틀x 스트아~ —— 트윈클, 팅클 리틀 스타~
⑥ 흐아우 아이 우어ㄴ덜 우왙 유 아~x —— 하우 아이 원더~ 왙 유 아~

## 모든 소리의 기본: 모음

아기가 태어나서 말을 배우기 전에 울고 웃는 것 말고 가장 먼저 할 수 있는 표현은 말이 아니라 **소리**인 '**아/에/이/오/우**'(**모음**)입니다. 거기에 **입술과 혀를 움직이고 목구멍을 조이거나 해서**(**자음**) '마/나/까' 등과 같이 다양한 소리가 날 수 있습니다. 그래서 아기가 가장 먼저 하는 말이 '음마(엄마)'이고 세계 각국의 모든 '엄마'라는 단어에는 '마'가 들어가 있는 것입니다.

이렇게 모음을 글자로 쓰려면 영어에는 'a, e, i, o, u' 다섯 개가, 한글은 '아, 야, 어, 여, … 으, 이' 이렇게 열 개가 있습니다(그래서 한글이 소리를 표현하는 표음능력이 더 뛰어나다고 세계가 인정하는 것입니다).

**모음은 읽기의 기본**이 되므로 아래의 소리값을 외워야 합니다.

이 책에서는 학습목적에 따라 [애]와 [에]의 발음 구별을 하지 않습니다[애 = 에].

| 모음과 반모음 | 짧게 읽을 때(단모음) ★ 기본 소리 | 길게 읽을 때 (장모음 : 글자 그대로 읽기) | 약하게 읽을 때 |
|---|---|---|---|
| A a | [애], [아] | [애이] | 한 단어 안에 여러 개의 모음이 있을 때, 해당 **모음이 액센트가 아니면** 그 소리가 약해져서 **[어/으] 비슷한 소리**를 내게 됩니다. |
| E e | [에] | [이] | |
| I i | [이] | [아이] | |
| O o | [아], [오] | [오우] | |
| U u | [어] | [유/우] | |
| Y | [이] | [아이] | |
| W | [우] | | |

- Y와 w는 자음이지만 모음의 소리값을 가지고 있어서 **반모음**이라고 하고 모음의 역할을 합니다.
- 시작하는 지금은 굵은 선 상자 안의 기본 소리값(단모음)만 외워주세요.
- 모음 A, O의 영국식과 미국식 발음

| | 영국식 | 미국식 |
|---|---|---|
| A | [아] | [애] |
| O | [오] | [아] |

### 필독!!! --- 이 책의 활용법

1. 모든 **설명은 이해중심으로 읽고** 단어로 연습할 때는 **입으로 소리를** 냅니다. 이해하지 못한 부분에서 그냥 넘어가지 말고 읽기 반복!!

2. 왕초보들은 **상자 안의 쉬운 단어 중심으로 훈련**하고, 본인에게 어려운 단어들은 그냥 대충 경험하고 넘어갑니다. 책은 부담없이 읽으면서 대략 한번 마친 후에 다시 **반복할** 때 훨씬 쉽고 확실히 내 것이 됩니다.

3. 잊지 마세요. **이 책의 목적은 읽는법을 훈련하는 것**이지 단어공부가 아닙니다. 하다보면 단어공부와 혼용되는 부분도 있지만 목적을 분명히 하고 공부하는 것이 성취도가 더 높습니다.

4. **반드시 소리 내어 연습**합니다.
    입술과 혀의 움직임은 반사적이어야 합니다. 주의발음을 매번 의식하면서 읽거나 말하기는 어렵습니다. 여기서 읽는 법을 배우는 동안 훈련이 되려면 **반드시 입술과 혀를 움직여 읽으면서 연습**해야 합니다.

5. 주어진 단어의 알파벳 소리를 한글로 한 글자씩 따로 쓴 다음
    **천천히 ➡ 점점 빠르게 ➡ 반복하여 자연스럽게 이어 읽습니다.**
    이것은 영어를 발음하는 기본 원리입니다. 이런 단계를 반복함이 익숙해지면 나중에는 한글을 쓰지 않고도 능숙하게 읽을 줄 알게 됩니다. 초보라면 **이 책 한 권 정도는 모두 한글 토를 달아가며 연습하기** 바랍니다. 그런 습관이 들지 않으면 나중에 모르는 단어를 만났을 때 차분히 읽어내는 것이 어렵게 됩니다.

6. <u>단어 안에 **밑줄**</u>이 있는 경우는 왕초보들을 돕기 위해 밑줄부분에 <u>해당 규칙이 있음을 힌트</u> 주는 것입니다. 생각이 나지 않으면 앞에서 찾아 다시 익히고, 아직 해당규칙까지 진도가 가지 않은 경우에는 하단에 설명을 달았으니 예습차원에서 참고하기 바랍니다.

## ● 필독!! --- 이 책에서의 영어발음 한글 표기법 ---

1. **f와 v** 소리의 특징을 표현할 수 있는 한글은 없습니다. ㅍ이나 ㅂ과 비슷하지만 둘 다 입술이 닿는 소리이며 p와 b에 해당됩니다. 그래서 ㅍ와 ㅂ을 빌려 쓰되 입술을 조심하도록 한글표기 앞에 작은 f와 v를 두었습니다. 발음할 때 꼭 지켜서 발음하세요.

2. **L = 받침ㄹ** 발음할 때 혀가 입천장에 닿으면 소리는 받침ㄹ소리가 나게 되어 있습니다. 같은 이유로 L **다음에 모음이 오면** 그 모음과 결합해서 결과적으로 **받침ㄹ+ㄹ**의 소리를 내게 됩니다. 그래서 연습단어에 표기가 그렇게 되는 경우를 보시게 될 것입니다.
   ex: umbrella = 어음브르엘라 ➡ 엄브렐라

3. **R** : R은 L과 함께 한글 ㄹ로 표기되는 알파벳입니다. 그런데 r은 혀가 입천장에 닿지 않는 특성 때문에 한글표기는 같아도 소리는 다릅니다. 그래서 혀가 닿지 않게 발음하기 쉽도록 최종발음의 한글표기는 L과는 다르게 표기되기도 했습니다.

|   | a | e | i | o | u |
|---|---|---|---|---|---|
| L | 라 | 레 | 리 | 로 | 러 |
| R | 라/롸 | 레/뤠 | 리/뤼 | 로/뤄 | 러/뤄 |

4. **R : *이탤릭체*** 또는 **~ (물결표)** r이 단어 맨 앞에 나오는 경우나 표시가 필요할 때에는 이탤릭체로, 받침ㄹ의 소리가 나는 경우 L과 구별하기 위해 ~(물결표)로 표시했습니다. 바로 다음에 오는 알파벳에 따라 ~(물결표) 또는 ㄹ의 두 가지로 표기됩니다.
   영국식 발음에서는 받침ㄹ에 해당하는 혀 굴리는 r발음은 거의 하지 않으니 혀 굴리기가 어려운 초보들은 굳이 굴리는 발음은 하지 않아도 됩니다. 꾸준히 연습하다보면 나중에 자연스럽게 변합니다.

5. **B와 V** f처럼 v도 입술이 닿으면 안 된다는 힌트로 한글표기 앞에 v를 두었으니 주의하세요. 입술이 닿지 않으니 B와는 소리가 달라 한글표기도 약간 달라질 수 있습니다.

|   | a | e | i | o | u |
|---|---|---|---|---|---|
| B | 바 | 베 | 비 | 보 | 버 |
| V | v바/v봐 | v베/v붸 | v비/v븨 | v보/v붜 | v버/v붜 |

★ 별 뜻 없이 정확한 발음을 위해 비슷한 발음을 여러 번 읽는 놀이입니다.

| | |
|---|---|
| I thought a thought. | 아이 똩- 머 똩 |
| But the thought I thought wasn't the thought | 벋 더 똩- 아이 똩- 워즌 더 똩- |
| I thought I thought | 아이 똩- 아이 똩- |

나는 어떤 생각을 했어. 그런데 내가 생각한 그 생각은 내가 생각했다고 생각한 그 생각이 아니었어.

| | |
|---|---|
| She sells sea shells by the sea shore. | 쉬 쎌스 씨 쉘스 바이더 씨 쇼어~ |
| The shells she sells are surely seashells. | 더 쉘스 쉬 쎌스 아~ 슈얼리 씨쉘스 |
| So if she sells shells on the seashore. | 쏘 이프 쉬 쎌스 온더 씨쇼어~ |
| I'm sure she sells seashore shells. | 아임 슈어~ 쉬 쎌스 씨쇼어~쉘스 |

그녀는 바닷가에서 조개껍질을 팔아요. 그녀가 파는 조개껍질을 분명히 조개껍질이죠. 그래서 그녀가 바닷가에서 조개껍질을 팔면 그녀가 조개껍질을 판다고 나는 확신해요.

## ● 기초 단모음 **조합 연습** 소리 내어 읽으면서 연습하기!!

★ a의 소리는 대표소리 두 가지 [아]와 [애]로 연습합니다.

| b | ba | ㅂㅏ=바<br>ㅂㅐ=배 | d | da | ㄷㅏ=다<br>ㄷㅐ=대 |
|---|---|---|---|---|---|
| | be | ㅂㅔ=베 | | de | ㄷㅔ=데 |
| | bi | ㅂㅣ=비 | | di | ㄷㅣ=디 |
| | bo | ㅂㅗ=보 | | do | ㄷㅗ=도 |
| | bu | ㅂㅓ=버 | | du | ㄷㅓ=더 |
| f | fa | fㅍㅏ=f파<br>fㅍㅐ=f패 | h | ha | ㅎㅏ=하<br>ㅎㅐ=해 |
| | fe | fㅍㅔ=f페 | | he | ㅎㅔ=헤 |
| | fi | fㅍㅣ=f피 | | hi | ㅎㅣ=히 |
| | fo | fㅍㅗ=f포 | | ho | ㅎㅗ=호 |
| | fu | fㅍㅓ=f퍼 | | hu | ㅎㅓ=허 |
| j | ja | ㅈㅏ=자<br>ㅈㅐ=재 | k | ka | ㅋㅏ=카<br>ㅋㅐ=캐 |
| | je | ㅈㅔ=제 | | ke | ㅋㅔ=케 |
| | ji | ㅈㅣ=지 | | ki | ㅋㅣ=키 |
| | jo | ㅈㅗ=조 | | ko | ㅋㅗ=코 |
| | ju | ㅈㅓ=저 | | ku | ㅋㅓ=커 |

★ 좋은 발음을 갖고 싶다면? **하나하나의 소리를 천천히 이어서 발음**.
★ L을 발음할 때: l이 맨 앞에 있으면 **(을)을 숨겨놓고 발음하는 기분**으로 하면 혀가 앞니 뒤에 자연스럽게 붙습니다.

| | | | | | |
|---|---|---|---|---|---|
| **l** | la | (을)ㄹ ㅏ=(을)라<br>(을)ㄹ ㅐ=(을)래 | **m** | ma | ㅁ ㅏ=마<br>ㅁ ㅐ=매 |
| | le | (을)ㄹ ㅔ=(을)레 | | me | ㅁ ㅔ=메 |
| | li | (을)ㄹ ㅣ=(을)리 | | mi | ㅁ ㅣ=미 |
| | lo | (을)ㄹ ㅗ=(을)로 | | mo | ㅁ ㅗ=모 |
| | lu | (을)ㄹ ㅓ=(을)러 | | mu | ㅁ ㅓ=머 |
| **n** | na | ㄴ ㅏ=나<br>ㄴ ㅐ=내 | **p** | pa | ㅍ ㅏ=파<br>ㅍ ㅐ=패 |
| | ne | ㄴ ㅔ=네 | | pe | ㅍ ㅔ=페 |
| | ni | ㄴ ㅣ=니 | | pi | ㅍ ㅣ=피 |
| | no | ㄴ ㅗ=노 | | po | ㅍ ㅗ=포 |
| | nu | ㄴ ㅓ=너 | | pu | ㅍ ㅓ=퍼 |
| **s** | sa | ㅅ ㅏ=사<br>ㅅ ㅐ=새 | **t** | ta | ㅌ ㅏ=타<br>ㅌ ㅐ=태 |
| | se | ㅅ ㅔ=세 | | te | ㅌ ㅔ=테 |
| | si | ㅅ ㅣ=시 | | ti | ㅌ ㅣ=티 |
| | so | ㅅ ㅗ=소 | | to | ㅌ ㅗ=토 |
| | su | ㅅ ㅓ=서 | | tu | ㅌ ㅓ=터 |

- r발음에 혀가 닿지 않도록 발음하면 한글조합 표기가 약간 바뀝니다.
- 자음과 모음이 합해지면 한글로 100% 표기가 어려운 것들도 있고, 스펠링은 다르나 소리가 비슷한 것들도 있음을 참고하시기 바랍니다.
- Z = [즈-] P.18 J와 Z의 발음구별 참고

| | | | | | | |
|---|---|---|---|---|---|---|
| **r** | ra | ㄹㅏ=롸<br>ㄹㅐ=뤠 | | **v** | va | vㅂㅏ=v봐<br>vㅂㅐ=v봬 |
| | re | ㄹㅔ=뢰 | | | ve | vㅂㅓ=v뵈 |
| | ri | ㄹㅣ=뤼 | | | vi | vㅂㅣ=v뷔 |
| | ro | ㄹㅗ=로 | | | vo | vㅂㅗ=v보 |
| | ru | ㄹㅓ=뤄 | | | vu | vㅂㅓ=v붜 |
| **z** | za | ㅈㅏ=즈ㅏ | | **qu** | qua | 쿠ㅏ=콰 |
| | ze | ㅈㅔ=즈ㅔ | | | que | 쿠ㅔ=퀘 |
| | zi | ㅈㅣ=즤 | | | qui | 쿠ㅣ=퀴 |
| | zo | ㅈㅗ=즈ㅓ | | | quo | 쿠ㅗ=쿼 |
| | zu | ㅈㅓ=즈ㅓ | | | qu | 쿠 |
| **w** | wa | 우ㅏ=와<br>우ㅐ=왜 | | **y** | ya | 이ㅏ=야<br>이ㅐ=얘 |
| | we | 우ㅔ=웨 | | | ye | 이ㅔ=예 |
| | wi | 우ㅣ=위 | | | yi | 이ㅣ=이 |
| | wo | 우ㅗ=워 | | | yo | 이ㅗ=요 |
| | wu | 우ㅓ=워 | | | yu | 이ㅓ=여 |

 두 가지 소리를 내는 알파벳 두 개를 기억 하시나요?

※ P.19 설명 참조

| C 와 G | | c [ㅋ 또는 ㅅ] | | | | g [ㄱ 또는 ㅈ] | | |
|---|---|---|---|---|---|---|---|---|
| 1순위  소리<br>c 또는 g + a/ o/ u/ | ㅋ | ca<br>[카/캐] | co<br>[코] | cu<br>[커] | ㄱ | ga<br>[가/개] | go<br>[고] | gu<br>[거] |
| 2순위  소리<br>c 또는 g + e/ i/ y/ | ㅅ | ce<br>[쎄] | ci<br>[씨] | cy<br>[씨] | ㅈ | ge<br>[제] | gi<br>[지] | gy<br>[지] |

■ 나중에 다시 자세히 연습하고 지금은 기본 연습

| | | | | | | |
|---|---|---|---|---|---|---|
| **c** | ca | ㅋ ㅏ = 카<br>ㅋ ㅐ = 캐 | | **g** | ga | ㄱ ㅏ = 가<br>ㄱ ㅐ = 개 |
| | ce | ㅅ ㅔ = 쎄 | | | ge | ㅈ ㅔ = 제 |
| | ci | ㅅ ㅣ = 씨 | | | gi | ㅈ ㅣ = 지 |
| | co | ㅋ ㅗ = 코 | | | go | ㄱ ㅗ = 고 |
| | cu | ㅋ ㅓ = 커 | | | gu | ㄱ ㅓ = 거 |

### 단모음으로 단순하게 읽기 = 유창 기초

> 알파벳 **L** 발음은 혀끝을 앞니뒤에~!
> 한글로 쓸 때는 **받침 ㄹ**

★ 단어 맨 끝의 e는 소리 없어요.
★ 같은 소리가 두 번 연속이면 한 번만 분명히 발음!
★ octopus = [옥터퍼스 / 악터퍼스], Indian [인디언]이 아니라 [인디언]인 이유는?
  ➡ go to Page 106. 모음 차별읽기 참조

| 읽는 방법 = 소리 하나하나를 부드럽게 이어 읽기 = 점 점 빠르게 조합 |||
|---|---|---|
| ant | 애은트 ➡ 앤트 | 개미 |
| apple* | 애프을x ➡ 애플 | 사과 |
| bag | 브애그 ➡ 브애그/백 | 가방 |
| cat | 크애트 ➡ 크애트/캩 | 고양이 |
| dad | 드애드 ➡ 대드/댇 | 아빠 |
| bus | 브어스 ➡ 버스 | 버스 |
| egg* | 에그 ➡ 에그 | 달걀 |
| album | 앨브어음 ➡ 앨범 | 앨범 |
| frog | f프르오그 ➡ f프로그 | 개구리 |
| duck* | 드어크 ➡ 덕 | 오리 |
| hand | 흐애은드 ➡ 핸드 | 손 |
| elbow | 엘브오우 ➡ 엘보우 | 팔꿈치 |
| óctopus* | 어크트어프어스 ➡ 억터퍼스 | 문어 |
| ox | 아욱스 ➡ 악스 | 황소 |
| fox | f프아욱스 ➡ f팍스 | 여우 |
| ugly | 어글이 ➡ 어글리 | 못생긴 |
| window | 우이은드어우 ➡ 윈도우 | 창문 |

**단모음**

| | | 읽는 방법 = 소리 하나하나를 부드럽게 이어 읽기 = 점 점 빠르게 조합 | |
|---|---|---|---|
| yellow | | 이엘르오우 ➡ 옐로우 | 노랑 |
| índian* | | 이은드이어은 ➡ 인디언 | 인디언 |
| rain | | 르애이은 ➡ 뢰/인 | 비 |
| uncle* | | 어은클X ➡ 엉클 | 아저씨 |
| snow* | | 스느오우 ➡ 스노우 | 눈 |
| sunny* | | 쓰어느이 ➡ 써니 | 햇살의 |
| rabbit | | 르애브이트 ➡ 뢰/빝- | 토끼 |
| umbrella* | | 어음브르엘라 ➡ 엄브렐라(러) | 우산 |
| candy | | 크애은드이 ➡ 캔디 | 사탕 |
| crush | | 크르어쉬 ➡ 크러쉬 | 으깨다 |
| tank | | 트애은크 ➡ 탱크 | 탱크 |
| truck | | 트르어크 ➡ 트럭 | 트럭 |
| black* | | 블래크 ➡ 블랙 | 검정 |
| brown | | 브르아우은 ➡ 브라운 | 갈색 |
| study | | 스트어드이 ➡ 스터디 | 공부하다 |

★ s의 소리 = 어떤 때 [스], 어떤 때 [쓰]?? ➡ P.96에서 자세히...

★ L + 모음: 올라간 혀 위치 때문에 위의 *L 단어들처럼 [받침ㄹ + ㄹ + 모음소리]가 됩니다.

**역으로 단모음의 단어들을 써 볼까요?**

**한글 순서대로** 쓰면 됩니다.

★ 영어발음에서 [으] 소리는 발음하기 위해 임시로 빌린 것이므로 표기에서 제외합니다.
★ **소리를 쓰는 것과 철자법은 다른 것입니다.**
　여기에서는 단어학습이 아닌 파닉스 연습이므로 **단어의 스펠링이 정확하지 않아도 됩니다.**
　**소리만 맞게 쓰면 맞은 것입니다.**
　Ex: 애플 = apl (o), 에그 = eg (o), 캐트 = ket(o)

| 단어 | 소리와 소리 구조 | 소리 대로 쓰기 | 단어의 철자 |
|---|---|---|---|
| | 읽는 방법＝소리 하나하나를 부드럽게 이어 읽기＝점 점 빠르게 조합. | | |
| 개미 | 앤트 ➡ 애a ㄴn ㅌt | a n t | ant |
| 사과 | 애플 ➡ 애a 플pl (L: 받침ㄹ) | a p l (o), apple(철자법:o) | apple* |
| 가방 | 백 ➡ ㅂb ㅐa/e ㄱg | b a g / b e g | bag |
| 고양이 | 캩 ➡ ㅋc/k ㅐa/e ㅌt | c a t / k e t / k a t | cat |
| 아빠 | 대드 ➡ ㄷ ㅐ ㄷ | | dad |
| 버스 | 버스 ➡ ㅂ ㅓ ㅅ | | bus |
| 달걀 | 에그 ➡ ㅔ ㄱ | | egg* |
| 앨범 | 앨범 ➡ 앨 ㅂ ㅓ ㅁ | | album |
| 개구리 | f프로그 ➡ f ㅍ ㄹ 오 ㄱ | | frog |
| 오리 | 덕 ➡ ㄷ ㅓ ㅋ | | duck* |
| 손 | 핸드 ➡ ㅎ ㅐ ㄴ ㄷ | | hand |
| 팔꿈치 | 엘보우 ➡ 엘 ㅂ ㅗ 우 | | elbow |
| 문어 | 옥토퍼스 ➡ 오 ㅋ ㅌ ㅗ ㅍ ㅓ ㅅ | | óctopus* |
| 황소 | 악스 ➡ 아(오) 윽스* | | ox |
| 여우 | f팍스 ➡ fㅍ 아(오) 윽스* | | fox |

★ X = 앞 소리에 [받침ㄱ + 스], 발음은 [윽식]
★ O의 미국식 발음은 [아], 영국식 발음은 [외]

| 단어 | 소리와 소리 구조 | 소리 대로 쓰기 | 단어의 철자 |
|---|---|---|---|
| 못생긴 | 어글리 ➡ 어 글 리* | | ugly |
| 창문 | 윈도우 ➡ 우 ㅣ ㄴ ㄷ ㅗ ㅜ | | window |
| 노랑 | 옐로우 ➡ 이엘ㄹ ㅗ ㅜ | | yellow |
| 인디언 | 인디언 ➡ 이 ㄴ ㄷ ㅣ 아 ㄴ | | índian* |
| 비 | *r뤠인 ➡ ㄹ ㅔ 이 ㄴ | | rain |
| 눈 | 스노우 ➡ ㅅ ㄴ 오 우 | | snow* |
| 햇살의 | 써니 ➡ ㅆ ㅓ ㄴ ㅣ | | sunny* |
| 토끼 | *r뤠빝 ➡ ㄹ ㅔ ㅍ ㅣ ㅌ | | rabbit |
| 우산 | 엄브렐라 ➡ 어 ㅁ ㅂ ㄹ 엘 ㄹ ㅏ | | umbrella* |
| 사탕 | 캔디 ➡ ㅋ ㅐ ㄴ ㄷ ㅣ | | candy |
| 으깨다 | 크러쉬 ➡ ㅋ ㄹ ㅓ 쉬* | | crush |
| 탱크 | 탱크(탠크) ➡ ㅌ ㅐ ㄴ ㅋ | | tank |
| 트럭 | 트럭 ➡ ㅌ ㄹ ㅓ ㅋ | | truck |
| 검정 | 블랙 ➡ 블 애 ㅋ | | black* |
| 갈색 | 브라운 ➡ ㅂ ㄹ 아우(ow)*ㄴ | | brown |
| 공부하다 | 스터디 ➡ ㅅ ㅌ ㅓ ㄷ ㅣ | | study |

★ ugly처럼 맨 끝의 [이] 소리는 거의 대부분 y입니다.

★ ugly, ly = l + 모음 = 혀 위치 때문에 앞 글자에 받침ㄹ + ㄹ = [어글리] 소리가 납니다.

★ r은 혀가 안 닿도록 조심하면 [뤠/뢰]같은 소리가 납니다.

★ 쉬 = sh

★ ow는 [아우] 또는 [오우]의 소리를 냅니다.

## 장모음으로 길-게 읽기

### 장모음 이란

한 단어 안의 **모음** 두 개가 나란히 또는
자음 한 글자를 사이에 두고 **가까이** 있을 때
**앞의 모음**을 알파벳 글자 그대로 읽는 것입니다.
이때 뒤의 모음은 소리가 나지 않을 때가 많습니다.

예를 들면

### 장모음 Aa

🍩 **모음 a를 장모음으로 읽는 연습**

| 장모음 a | 1. ②를 가리고 한글로 소리를 써보세요 | ② 한 글자씩 소리를 쓰고 천천히 ➡ 점점 빠르게 ➡ 반복 자연스럽게 이어 읽기 | ← ②의 소리를 보고 순서대로 영어로 써보기 | |
|---|---|---|---|---|
| | 모음 a와 다른 모음이 나란히 또는 한 글자를 사이에 두고 가까이 있을 때 앞에 있는 A를 '애'소리가 아닌 **글자 그대로 '애이'로 읽어주는 것.** | | | |
| g**a**me | | 그애이음x ➡ 개임 | ㄱ 애이 ㅁ e | 게임 |
| t**a**pe | | 트애이프x ➡ 태이프 | _ _ _ e | 테이프 |
| r**a**ce* | | 르애이스x ➡ *래*이스 | _ _ _ e | 경주 |
| c**a**ke | | 크애이크x ➡ 캐이크 | _ _ _ e | 케이크 |
| r**a**in | | 르애이은x ➡ *래*인 | _ _ i _ | 비 |
| m**a**ke | | 므애이크x ➡ 매이크 | _ _ _ e | 만들다 |
| b**a**by | | 브애이브이 ➡ 베이비 | _ _ _ e | 아기 |
| pl**a**y | | 플애이 ➡ 플래이 | _ _ _ y | 놀다 |
| c**a**ge | | 크애이지x ➡ 캐이지 | _ _ _ e | 우리/새장 |
| p**a**per | | 프애이프어~ ➡ 패이퍼~ | _ _ _ e | 종이 |

\* --ce: c 다음 e가 오면 c는 [ㅅ] 소리 ➡ P.19 참고
\* Y로 끝나는 단어의 y소리는 항상 분명하게 [이] 소리를 내줍니다.
\* 모음 + r = ar/er/ir/or/ur는 모두 혀를 살짝 당긴 [어~] 소리로 [얼-]처럼 들립니다(미국식).
　그러나 영국식 발음은 혀를 당겨서 굴리는 r소리를 내지 않고 [어-]로 합니다.

**∴ A의 단모음과 장모음 읽는 법 비교**

| | 장모음 | | 단모음 |
|---|---|---|---|
| g**a**me | 그애이므x ➡ **개**임 | g**a**mble | 그애음블x ➡ **갬**블 |
| t**a**pe | 트애이프x ➡ **태**잎 | t**a**pper | 트애프얼 ➡ **태**퍼~ |
| m**a**ke | 므애이크x ➡ **매**익 | M**a**ksim | 므애크스이므 ➡ **맥**심 |
| p**a**per | 프애이프어~ ➡ **패**퍼~ | p**a**prika | 프아프르이크아 ➡ **파**프리카 |

## 장모음 E e

### 모음 e를 장모음으로 읽는 연습

| 장모음 e | 1. ②를 가리고 한글로 소리를 써보세요 | ② **한 글자씩 소리를 쓰고** 천천히 ➡ 점점 빠르게 ➡ 반복 **자연스럽게 이어 읽기** | ← ②의 소리를 보고 순서대로 영어로 써보기 | |
|---|---|---|---|---|
| see |  | 스이x ➡ 씨- | __ __ e<br>스  이 | 보다 |
| seat |  | 스이x트 ➡ 앁: | __ __ a __ | 좌석 |
| leaf |  | 르이x프 ➡ 리:f프 | __ __ a __ | 나뭇잎 |
| speak |  | 스프이x크 ➡ 스피크 | __ __ __ a __ | 말하다 |
| jeans |  | 즈이x은스 ➡ 진:스 | __ __ a __ __ | 청바지 |
| eagle |  | 이x글x ➡ 이:글 | __ a __ __ e | 독수리 |
| relax |  | 르이래윽스 ➡ 릴:랙:스 | __ __ __ __ __<br>ㄹ 일 ㄹ 애 윽스 | 휴식하다 |
| peach* |  | 프이x취 ➡ 피:취 | __ __ a __ __ | 복숭아 |
| key |  | 크이x ➡ 키: | __ e __ | 열쇠 |
| meet |  | 므이x트 ➡ 미:트 | __ __ e __ | 만나다 |
| meat |  | 므이x트 ➡ 미:트 | __ __ a __ | 고기 |
| pea |  | 프이x ➡ 피: | __ a | 완두콩 |
| lead |  | 르이x드 ➡ 리:드 | __ __ a __ | 이끌다 |

#### e의 단모음과 장모음 읽는 법 비교

| 장모음 | | 단모음 | |
|---|---|---|---|
| meet | 므이x트 ➡ 미:트 | met | 므에트 ➡ 매트/ 맽 |
| see | 스이x ➡ 씨: | set | 스에트 ➡ 세트/ 셑 |
| jeans | 즈이x은스 ➡ 진:스 | jest | 즈에스트 ➡ 제스트 |
| lead | 르이x드 ➡ 리:드 | led | 르에드 ➡ 레드 |

## 장모음 I i

### 🟠 모음 i를 장모음으로 읽는 연습

| 장모음 i | 1. ②를 가리고 한글로 소리를 써보세요 | ② 한 글자씩 소리를 쓰고 천천히➡ 점점 빠르게➡ 반복 **자연스럽게 이어 읽기** | ⬅ ②의 소리를 보고 순서대로 영어로 써보기 | |
|---|---|---|---|---|
| time | | 트아이음x ➡ 타-임 | ＿＿＿ e 트 아이 ㅁ x | 시간 |
| bike | | 브아이크x ➡ 바이크 | ＿＿＿ e | 자전거 |
| tiger | | 트아이그어~ ➡ 타이거~ | ＿＿＿ er | 호랑이 |
| line | | 르아이은x ➡ 라인 | ＿＿＿ e | 선 |
| slide | | 슬아이드x ➡ 슬라이드 | ＿＿＿＿ e | 미끄럼틀 |
| arrive | | 어~르아이브x ➡ 어라이브 | ＿ r ＿ ＿ e | 도착하다 |
| side | | 스아이드x ➡ 사이드 | ＿＿＿ e | 면 |
| five | | f프아이v브x ➡ f파이v브 | ＿＿＿ e | 5 |
| pie | | 프아이x ➡ 파이 | ＿ ＿ e | 파이 |
| tie | | 트아이x ➡ 타이 | ＿ ＿ e | 넥타이 |

#### ❖ i의 단모음과 장모음 읽는 법 비교

| | 장모음 | | | 단모음: | |
|---|---|---|---|---|---|
| time | 트아이므x ➡ 타임 | | timber | 트이음브어~ ➡ 팀버~ | |
| bike | 브아이크x ➡ 바이크 | | big | 브이그 ➡ 빅 | |
| Line | 르아이느x ➡ 라인 | | link | 르이은크 ➡ 린크 ➡ 링크 | |
| pie | 프아이x ➡ 파이 | | pick | 프이크 ➡ 피크 ➡ 픽 | |

★ ie: i의 장모음 [아이]로 읽지 않고 [이]로 읽는, 많이 쓰는 단어들

| field | f프 이 을 드 ➡ f필-드 | 들판 |
|---|---|---|
| piece | 프 이 스 ➡ 피-스 | 조각 |
| cookie | ㅋ 우크이 ➡ 쿠키 | 쿠키 |
| thief | 뜨 이 f프 ➡ 띠f프 | 도둑 |
| niece | 느이스 ➡ 니스 | 조카 |

36

## 장모음

### 🔴 모음 o를 장모음으로 읽는 연습

| 장모음 o | 모음 o와 다른 모음이 나란히 또는 한 글자를 사이에 두고 가까이 있을 때 앞에 있는 o를 '오/아'가 아닌 **글자 그대로 '오우'로 길게 읽어주는 것**. | | | |
|---|---|---|---|---|
| | 1. ②를 가리고 한글로 소리를 써보세요. | ② **한 글자씩 소리를 쓰고** 천천히 ➡ 점점 빠르게 ➡ 반복 **자연스럽게 이어 읽기** | ⬅ ②의 소리를 보고 순서대로 영어로 써보기 | |
| coat | | 크오우x트 ➡ 코우트 | ＿ ＿ a ＿<br>크 오우 x 트 | 코트 |
| goal | | 그오우x을 ➡ 고울 | ＿ ＿ a ＿ | 목표 |
| hope | | 호오우프x ➡ 호우프 | ＿ ＿ ＿ e | 희망 |
| soap | | 스오우프x ➡ 소우프 | ＿ ＿ a ＿ | 비누 |
| toad | | 트오우드x ➡ 토우드 | ＿ ＿ a ＿ | 두꺼비 |
| boat | | 브오우x트 ➡ 보우트 | ＿ ＿ a ＿ | 보트 |
| rose | | 르오우즈x ➡ 로우즈 | ＿ ＿ ＿ e | 장미 |
| goat | | 그오우x트 ➡ 고우트 | ＿ ＿ a ＿ | 염소 |
| hole | | 호오울ㄹx ➡ 호울 | ＿ ＿ ＿ e | 구멍 |
| home | | 호오우음x ➡ 호움 | ＿ ＿ ＿ e | 집 |
| rope | | 르오우프x ➡ 로우프 | ＿ ＿ ＿ e | 밧줄 |
| Rome | | 르오우음x ➡ 로움 | ＿ ＿ ＿ e | 로마 |
| nose | | 느오누즈X ➡ 노우즈 | ＿ ＿ ＿ e | 코 |
| road | | 르오우X드 ➡ 로우드 | ＿ ＿ ＿ e ＿ | 도로 |
| coast | | 크오우X스트 ➡ 코우스트 | ＿ ＿ a ＿ ＿ | 해안 |
| poem | | 프오우X음 ➡ 포음<br>포엠: 영국식발음 | ＿ ＿ e ＿ | 시 |
| hoe | | 호오우X ➡ 호우 | ＿ ＿ e | 괭이 |

■ 장모음을 하지 않는 oi/ oy/ ou/ ow 등의 예외는 P.41에서 다시 하기로 하고 지금은 O의 장모음에 **[오우]** 소리를 정확히 읽는 기본을 충실히 연습합니다.

○ Tongue Twisters: 혀가 꼬이는 발음연습

★ 별 뜻 없이 정확한 발음을 위해 비슷한 발음을 여러 번 읽는 놀이입니다.

| | |
|---|---|
| fast foxes | f파이브 f페스트 f곽씨스 |
| flew far from | f플루 f퐈 f프럼 |
| farmer's flocks | f파머~스 f플록스 |
| seven silver socks | 쎄v븐 씰v버 싹스 |
| sat smelly on see-saws | 쌭 스멜리 온 씨-써스 |

다섯 마리 빠른 여우가 농부의 가축 떼에서 멀리 도망갑니다. 은양말이 시소 위에 냄새나게 앉아 있어요.

▶ 콩글릿시 발음 교정! [홈] [코트] [보트] [로프]

가정 또는 집을 뜻하는 Home은 우리는 보통 [홈]이라고 짧게 발음하지요?
그러면 원어민은 hom으로 알아듣습니다. 아무 힌트가 없이 [홈]이라고 짧게 말해 단어만 제시한다면 [가정/집]으로 알아듣기 힘들겠지요?
O의 장모음은 반드시 [오우]의 소리를 내 줘서 짧은 순간이라도 [호움]으로 발음해야 합니다. 마찬가지로 o의 장모음이 들어있는 단어들인 coat, boat, rope도 마찬가지로 [코트], [보트], [로프]로 발음한다면 원어민에게는 cot, bott, rop?으로 들리겠지요?

짧은 1초안에 발음하더라도 반드시
[홈], [코트], [보트], [로프]가 아닌, [호움], [코우트], [보우트], [로우프]로 정확하게 읽어주세요.

O가 장모음으로 읽힐 때는 [오] 소리가 아닌 [**오우**]로 읽어 준다는 사실을 잊지 마세요.

## 장모음 U u

### [유] [우] 두 가지 소리가 나는 것을 주의!! ★

**구별법:** u의 앞에 ㄹ 소리(L, R)가 있는지에 따라 다릅니다.

- **[유]** u앞에 ㄹ 소리가 아닐 때
- **[우]** u앞에 ㄹ 소리일 때

이렇게 해서 u의 소리는 단모음으로 [어], 장모음으로 [유] 또는 [우]- 이렇게 세 가지 소리를 내게 되는 것입니다.

- 장모음은 길—게 읽어 주는 것이므로 [유/우] 소리도 길~게 읽기를 잊지 마세요^^

| 장모음 u | | [유] 소리 | |
|---|---|---|---|
| juice | 즈우x스 ➡ 주-스 | __ __ i c e | 주스 |
| cute | 크유트x ➡ 큐-트 | __ __ __ e | 귀여운 |
| tube | 트유브x ➡ 튜-브 | __ __ __ e | 튜브 |
| use | 유스x ➡ 유-스 /유-즈 | __ __ e | 사용하다 |
| tulip | 트율이프 ➡ 튤-립 | __ __ __ __ __ | 튤립 |
| music | 므유즈이크 ➡ 뮤-직 | __ __ s i __ | 음악 |
| fury | f프유르이 ➡ f퓨-리 | __ __ __ __ | 분노 |
| huge | 흐유쥐X ➡ 휴-지 | __ __ __ __ | 거대한 |
| mutant | 므유트어은트 ➡ 뮤턴트 | __ __ __ __ __ __ | 돌연변이 |
| cucumber | 크유크어음브어~ ➡ 큐-컴버~ | __ __ __ __ __ __ er | 오이 |

| 장모음 u | [우] 소리: U의 장모음 앞에 ㄹ소리가 있을 때. | | | |
|---|---|---|---|---|
| tr**u**e | | 트르우x ➡ 트루- | __ __ __ e | 진실한 |
| r**u**le | | 르울ㄹx ➡ 룰- | __ __ __ e | 규칙 |
| gl**u**e | | 글우x ➡ 글루- | __ __ __ e | 풀 |
| fr**u**it | | f프르우x트 ➡ f프루-트 | __ __ __ i __ | 과일 |
| pr**u**ne | | 프르우은X ➡ 프룬- | __ __ __ __ e | 말린자두 |
| l**u**ge | | 르우ㅈX ➡ 루-지 | __ __ __ e | 루지썰매 |
| cr**u**el | | 크르우X을 ➡ 크루을 | __ __ __ e __ | 잔인한 |
| cr**u**ise | | 크르우X즈 ➡ 크루즈 | __ __ __ i __ __ | 크루즈 |
| cl**u**e | | 클르우X ➡ 클루 | __ __ __ e | 단서 |
| pl**u**me | | 플루므X ➡ 플룸 | __ __ __ __ e | 큰 깃털 |
| gr**u**el | | 그르우X을 ➡ 그루을 | __ __ __ e __ | 오트밀죽 |

## Quiz

**U의 소리는 3가지입니다. 각각 어떤 때 나는 소리인가요?**

확실히 답을 할 수 없으면 다시 u의 단모음과 장모음이 무엇인지 앞으로 가서 확인하고 진도를 나가도록 합니다.

| U의 소리 | [어] | |
|---|---|---|
| | [유] | |
| | [우] | |

## ● 장모음을 하지 않는 o 이중모음

oo/ ou/ ow/ oi/ oy 는 모음이 두 개 나란히 있으므로 장모음 [오우]로 읽어야 하나 이 조합들의 기초단어들은 장모음을 하지 않는 경우가 많습니다. 모두 기본단어에 속하는 것들이므로 따로 연습해야 합니다.

| | | |
|---|---|---|
| oo | 우 | |
| ou | 아우 | o의 장모음을 하지 않고 다른 소리를 내는 기본단어들을 연습해 봅니다. |
| | 어 | 알파벳 두 글자 이상이 하나의 소리를 낼 때는 발음은 살짝 길어집니다. |
| ow | 아우 | |
| | 오우 | |
| oi | 오이 | 오이는 오이!! oi와 oy는 두 글자 모두 발음. |
| oy | 오이 | |

이중모음

o

41

 oo　**[우]** 알파벳 두 글자 이상이 하나의 소리를 낼 때는 발음은 살짝 길어집니다.

이중모음 **oo**　모음 o가 둘이면 **[우]** 소리

| | 옆의 한글 소리값을 보지 않고 스스로 소리를 써봅니다. | | |
|---|---|---|---|
| moon | | 므우은 → 문 | 달 |
| book | | 브우크 → 북 | 책 |
| look | | 르우크 → 룩 | 보다 |
| cool | | 크우을 → 쿨 | 시원한 |
| too | | 트우 → 투 | ~도 |
| wood | | 우우드 → 우드 | 나무 |
| fool | | f프우을 → f풀 | 바보 |
| shoot | | 쉬우트 → 슈트 | 쏘다 |
| poor | | 프우어~ → 푸어~ | 가난한 |
| proof | | 프르우f프 → 프루f프 | 증거 |
| bloom | | 블우음 → 블룸 | 꽃피다 |
| good | | 그우드 ➡ 굳- | 좋은 |
| food | | f프우드 ➡ f푸-드 | 음식 |
| room | | 르우음 ➡ 룸- | 방, 공간 |
| school* | | 스크x우을 ➡ 스쿠-을 | 학교 |

\* 세 가지의 소리를 내는 ch. 여기서는 h묵음. [크] P.99에서 자세히...

### 꼭 외워야 하는 예외

| do<u>o</u>r | | 드오어~ → 도어~ | 문 |
|---|---|---|---|
| bl<u>oo</u>d | | 블어드 → 블러드 | 피 |

 **OU**

[아우]로 발음하는 OU의 단어들
Out [아웃]의 [아우]를 기준으로 기억합시다!

OU는 O의 장모음이므로 u의 소리는 없이 [오우]라고 읽어 주는 것이 기본적인 파닉스 규칙입니다만, 여기서는 장모음을 하지 않고 [아우]로 읽는 ou단어들을 연습합니다.

옆의 한글 소리값을 보지 않고 스스로 소리를 써봅니다.

| | | | |
|---|---|---|---|
| out | | 아우트 ➡ 아웉 | ~ 밖의 |
| about | | 어브아우트 ➡ 어바웉 | ~에 대하여 |
| house | | 흐아우스x ➡ 하우스 | 집 |
| sound | | 스아우은드 ➡ 싸운드 | 소리 |
| our* | | 아우어~ | 우리의 |
| count | | 크아우은트 ➡ 카운트 | 세다 |
| around* | | 어~아우은드 ➡ 어라~운드 | 주변에 |
| hour* | | x아우어~ (h묵음) | 시간 |
| found | | f프아우은드 ➡ f파운드 | 발견하다 |
| ground | | 그르아우은드 ➡ 그라운드 | 땅 |
| shout* | | 쉬아우트 ➡ 샤우트 | 소리치다 |
| thousand* | | 뜨아우즈어은드 ➡ 따우전드 | 1000 |
| mouth* | | 므아우뜨 ➡ 마우뜨 | 입 |
| amount | | 어므아우은트 ➡ 어마운트 | 양 |
| loud* | | (을)르아우드 ➡ (을)라우드 | 큰 소리의 |
| cloud | | 클라우드 | 구름 |
| south | | 스아우뜨 ➡ 싸우뜨 | 명사 |

* 모음 + r = [어~] P.81에서 자세히 학습
* th = 앞니 사이에 혀끝을 살짝 물고 [뜨/씨소리. 어려우면 그냥 [띠로 발음해도 OK!
* [모음 + s + 모음] 상황이면 s 소리가 z [지]의 소리가 납니다. P.91에서 자세히 합니다.

|  OU | | [어] |
|---|---|---|
| | 옆의 한글 소리값을 보지 않고 스스로 소리를 써봅니다. | |
| tou<u>ch</u> | 트어취 ➡ 터취 | 건드리다 |
| country | 크어운트르이 ➡ 컨트리 | 시골/나라 |
| curious | 크유르이어스 ➡ 큐리어스 | 궁금한 |
| various | v브애르이어스 ➡ v베리어스 | 다양한 |
| trouble | 트르어블 ➡ 트러블 | 문제/말썽 |
| <u>sh</u>oulder | 쉬어올드어~ ➡ 숄-더- | 어깨 |
| course | 크오어~스 ➡ 코~스 | 과정 |
| famous | f프에이므어스 ➡ f페이머스 | 유명한 |
| sou<u>th</u>ern | 스어드어~은 ➡ 써-던 | 남쪽의 |

▶ 사이트워드 sight words

파닉스 규칙을 지키지 않지만 생활 속에서 많이 사용되는 기본단어들을 사이트 워드- sight words라고 합니다. 실제 발음과 철자법이 다르거나 어려워서 영어권 어린이들도 처음 글을 배울 때 스펠링을 따로 외우고 받아쓰기 시험을 보는 단어들입니다.
우리말도 실제 소리와 철자법이 달라서 어린이들이 초등학교에 입학하면 국어시간에 따로 외우고 받아쓰기 시험을 보는 것들이 있지요. 예를 들면 들리기는 '닥'이나 철자는 '닭/닥'인 것과 '안'으로 들리지만 쓰기는 '앉/않/안' 등처럼 말이에요.

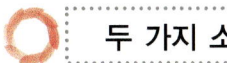 **두 가지 소리가 나는 ow**

ow는 [아우] 또는 [오우]의 두 가지 소리가 납니다.
두 경우 모두 자주 사용되는 기초단어에 속하므로 따로 익혀둬야 하겠습니다.

| [아우] ow | | | [오우] ow | | |
|---|---|---|---|---|---|
| how | 하우 | 어떻게 | own | 오운 | 소유의 |
| now | 나우 | 지금 | below | 빌로우 | 아래 |
| cow | 카우 | 황소 | blow | 블로우 | 불다 |
| down | 다운 | 아래 | borrow | 바로우 | 빌리다 |
| town | 타운 | 동네 | slowly | 슬로울리 | 천천히 |
| bow | 바우 | 절하다 | window | 윈도우 | 창문 |
| wow | 와우 | 와우~! | know | x노우 | 알다 |
| crown | 크라운 | 왕관 | snow | 스노우 | 눈 |
| owl | 아울 | 올빼미 | follow | f팔로우 | 따르다 |
| vowel | v봐월 | 모음 | yellow | 옐로우 | 노랑 |
| power | 파우어~ ➡ 파워~ | 힘 | crow | 크로우 | 까마귀 |
| flower | f플라우어~ | 꽃 | show | 쇼우 ➡ 쇼- | 보여주다 |
| brown | 브라운 | 갈색의 | row | 로우 | 줄, 노젓기 |
| allow | 얼라우 | 허용하다 | low | (을)로우 | 낮은 |
| plow | 플라우 | 쟁기 | owe | 오우 | 빚지다 |

❖ 예외

| toward | 투워~드 | ~쪽으로 |
|---|---|---|

 **oi / oy 오이는 오이!!**

장모음 하지 않는 '오이'들!!

| oi | | | oy | | |
|---|---|---|---|---|---|
| oil | 오일 | 기름 | boy | 브오이 ➡ 보이 | 소년 |
| moist | 므오이스트 ➡ 모이스트 | 촉촉한 | joy | 즈오이 ➡ 조이 | 즐거움 |
| Coin | 크오이은 ➡ 코인 | 동전 | oyster | 오이스트어~ ➡ 오이스터~ | 굴 |
| joint | 즈오이은트 ➡ 조인트 | 연결하다 | loyal | 르오이얼 ➡ 로열 | 충성스러운 |
| boil | 브오일 ➡ 보일 | 끓이다 | toy | 트오이 ➡ 토이 | 장난감 |
| spoil | 스프오일 ➡ 스포일 | 망치다 | coy | 크오이 ➡ 코이 | 수줍어하는 |
| voice | v브오이스 ➡ v보이스 | 목소리 | soymilk | 스오이므일크 ➡ 소이밀크 | 두유 |

### 많이 사용되는 O 장모음의 예외 단어들

| 단어 | 발음 | 뜻 | 소리 내어 읽고 쓰기 |
|---|---|---|---|
| you | 유— | 너는/너를 | |
| young | 이엉 ➡ 영 | 젊은 | |
| shoes | 쉬유즈 ➡ 슈-즈 | 신발 | |
| group | 그르우프 ➡ 그룹- | 그룹 | |
| four | f포어~ | 4 | |
| soup | 스우프 | 스프 | |
| should | 슈드 ➡ 슏— | (조동사) | |
| would | 우드 ➡ 욷— | | |
| could | 쿠드 ➡ 쿧— | | |

> Break

### 우리의 김연아 선수!
### YUNA KIM, 유나 킴!

피겨스케이팅의 여신, 김연아 선수의 이름을 YUNA로 표시하는 것을 본 분들이 많을 것입니다. 저도 방송에서 김연아 선수를 응원하는 관중석 사람들이 들고 있는 피켓이나 현수막을 통해 자주 보았습니다. 그리고 김연아 선수의 경기를 중계하는 외국의 방송인들이 그것을 [유나, 유나킴]으로 발음하는 것을 들으셨을 것입니다. [연아]가 아닌 [유나]로 읽는 이유를 이제는 아시겠지요? 네, YUNA의 U를 장모음으로 읽은 것입니다.

참고로 단어 맨 끝에 오는 모음들 중에서 e는 소리가 나지 않지만 다른 모음들 a, i, o, y는 무조건 읽어주는 경우가 많습니다.

> Break

### 생활 속 영어발음 교정: 슈퍼맨과 슈퍼마켓

우리에게 친숙한 외래어들 중에서 [슈퍼]가 들어가는 것들이 있습니다. 그런데 [슈]의 발음이 조금 주의를 기울일 필요가 있습니다. 틀린 발음은 아니지만 우리가 [슈]라고 발음하는 것은 너무 강한 경향이 있기 때문입니다. 영어 원어민들은 실제로 [슈]의 발음보다는 [수]에 가까운 발음을 한다는 것을 참고로 하면 좋겠습니다.

|  | 아쉬운 발음 | 비교적 정확한 발음 | 뜻 |
| --- | --- | --- | --- |
| supermarket | 슈퍼마켓 (?) | 수퍼마~킽 | 슈퍼마켓 |
| superman | 슈퍼맨 (?) | 수퍼~맨 | 슈퍼맨 |
| suit | 슈트 (?) | 수-트 | 남자 정장양복 |
| suicide | 슈어사이드 (?) | 수어사이드 | 자살 |

## London Bridge is falling down

<u>F 발음과 L 발음 연습에 좋은 동요</u>를 불러볼까요?
단어들 아래에 한글로 소리들을 쓰고 연결해서 불러봅시다.
이 곡을 모르는 분은 검색해서 한번만 들어보세요. 바로 알 수 있는 매우 친숙한 곡입니다.

| London Bridge is falling down, | 런던다리가 무너져요 |

*(을)런던 브릿지 이스 f폴링 다운

| falling down, falling down. | 무너져요, 무너져요 |

f폴링 다운 f폴링 다운

| London Bridge is falling down, | 런던다리가 무너져요 |

(을)런던 브릿지 이스 f폴링 다운

| My fair lady! | 내 사랑스러운 아가씨여! |

마이 f페얼 (을)레이디

★ 단어 맨 앞의 L발음은 혀를 위에 붙이는 것을 잊어버리기 쉽습니다. 그래서 그 앞에 (을)소리를 숨겨놓았다는 느낌으로 하면 혀의 위치가 확실해서 '런던'의 발음을 분명히 할 수 있습니다.

런던 브릿지는 1750년까지 런던의 테임즈 강을 건널 수 있는 유일한 다리로 런던의 명물이었다고 합니다. 그런데 이 다리가 부실해서 어느새 아이들 사이에 이 노래가 돌았는데 결국 정말로 무너져버렸다고 하는군요. 1960년대에 대대적인 보수를 한 이래로 여전히 런던의 명물 중 하나라고 합니다.

● 우리에겐 비슷하지만 사실은 전혀 다른 소리들

| ㅂ | B | 입술끼리 닿는 ㅂ소리<br>우리에겐 부담 없는 발음입니다. |
|---|---|---|
|   | V | 위 아래 입술끼리 닿으면 안 되는<br>조심스러운 ㅂ소리 |

　b와 v는 한글로 표기하면 같은 ㅂ입니다만, 엄밀히 따지면 ㅂ은 아래 위 입술이 서로 닿으므로 b에만 해당됩니다. 한글로는 v의 정확한 소리를 표기할 수 없어서 비교적 비슷한 ㅂ을 빌려 쓰며 대신에 b와 구별하기 위해 한글소리 앞에 v를 붙여두었습니다. 입술을 주의해서 발음해서 발음하시기 바랍니다.

　그리고 두 ㅂ소리의 차이는 입술이 붙고 떨어짐에 따라 소리가 달라지므로 v의 경우 한글표기로도 원래의 소리에 가깝도록 [봐/붸/뷔/붜/붜]로도 표기했습니다.

|   | a | e | i | o | u |
|---|---|---|---|---|---|
| B | 바 | 베 | 비 | 보 | 버 |
| V | v봐/v바 | v붸/v베 | v뷔/v비 | v붜/v보 | v붜/v버 |

## 비슷하지만 다른 소리들

### B b [ㅂ] 소리

| 단어 | | 소리값 하나씩 쓰고 부드럽게 연결해서 이어 읽기 | 뜻 |
|---|---|---|---|
| bus | | 브어스 → 버스 | 버스 |
| box | | 브아윽스 → 박스 | 상자 |
| belt | | 브엘트 → 벨트 | 벨트/띠 |
| bank | | 브애은크 → 뱅크 | 은행 |
| róbot | | 르오보아트 → 로밭/롸벝 | 로봇 |
| tub | | 트어브 → 터브 | 욕조 |
| cub | | 크어브 → 커브 | 새끼곰 |
| cup | | 크어프 → 컾 | 컵 |
| web | | 우에브 → 웹 | 거미줄 |
| brick | | 브르이크 → 브릭 | 벽돌 |
| br<u>ing</u> | | 브르이응 → 브링 | 가져오다 |
| blánk | | 블애은크 → 블랭크 | 빈칸 |
| bláme | | 블애이음 → 블래임 | 비난하다 |
| borrow | | 브아르어우 → 바러우 | 빌려오다 |
| bor<u>ing</u> | | 브어~이응 → 보~잉 → 보링 | 따분한 |
| butter | | 브어트*어*~ → 버*터*~ | 버터 |
| bálan<u>ce</u> | | 브앨어은스 → 밸런스 | 균형 |

## 비슷하지만 다른 소리들

## V v  [vㅂ] 소리

| | | 소리값 하나씩 쓰고 부드럽게<br>연결해서 이어 읽기 | |
|---|---|---|---|
| very | | vㅂ에르이 → v베리 → v붸뤼 | 매우 |
| vest | | vㅂ에스트 → v베스트 → v붸스트 | 조끼 |
| visit | | vㅂ이스이트 → v비지트 → v븨즈트 | 방문하다 |
| sev<u>en</u> | | 스에vㅂ은 → 세v븐 | 7 |
| óv<u>er</u> | | 오우vㅂ어~ → 오우vㅂ어~ → 오~vㅂ어~ | 너머 |
| violín | | vㅂ아이얼이은 → v바이올린 → v봐이얼린 | 바이올린 |
| vácá<u>tion</u> | | vㅂ애이크애이션 → v배이캐이션<br>→ v붸이캐이션/v붜케이션 | 휴가 |
| óven* | | 오vㅂ은 → 오v븐 | 오븐 |
| énvelope | | 에은vㅂ엘오우프 → 엔v벨로프 → 엔v뷀로프 | 봉투 |
| vend<u>ing</u> | | vㅂ에은드이응 → v벤딩 → v붼딩 | 자판기 |
| vi<u>ew</u>* | | vㅂ이우 → v뷰 | 전망 |
| favó<u>r</u>* | | f프애이vㅂ어~ → f패이vㅂ어~ → f페이vㅂ어~ | 호의, 친절 |
| vase | | vㅂ애이스 → v배이스 → v붸이스 | 꽃병 |
| vi<u>sion</u> | | vㅂ이젼 → v비젼 → v븨젼 | 시야, 시력 |
| value | | vㅂ앨유 → v밸류 → v뷀류 | 가치 |
| vampí<u>re</u>* | | vㅂ애음프아이어~ → v뱀파이어~<br>→ v붬파이어~ | 흡혈귀 |
| vácuum | | vㅂ애크유어음 → v배큐엄<br>→ v붸큐엄/v붜큐엄 | 진공 |
| advén<u>ture</u> | | 어드vㅂ에은춰~ → 어드v벤춰~<br>→ v붼춰~ | 모험 |

### 따로 익히는 규칙 예외의 B와 V 단어들

| busy | 비지- | 바쁜 | |
|---|---|---|---|
| build | 빌드 | 짓다 | |
| business | 비즈니스 | 사업, 일 | |
| bread | 브레드 | 빵 | |
| break | 브레이크 | 부러뜨리다. 휴식 | |
| bear | 베어~ | 곰 | |
| video | v비디오 | 비디오 | |
| village | v빌리지 | 마을 | |

> **FAQ**  파닉스 규칙만 알고 있으면 100% 읽을 수 있나요?

그러면 얼마나 좋겠습니까마는 사람 사는 일에 그렇게 간단명료한 일이 얼마나 있을까요?
파닉스의 규칙적용은 전체 단어의 80%정도 적용된다고 알려져 있습니다.
그런데 불행하게도 그 나머지 20%의 단어들이 '**많이 사용되는 단어들**'이라는 점입니다.

사람들 입에 많이 오르내리며 입에서 입으로 전하는 동안 변형되었나 봅니다. 그러나 불행 중 다행이라면 많이 사용되는 단어들이라 꾸준히 공부하는 학생 입장에서는 그만큼 자주 접하게 되므로 습득이 용이한 점도 있습니다. '땡큐'를 일부러 외우지 않아도 알게 되는 것처럼 말이에요.

성인이 되어 다시 시작하는 분들에게는 초기에는 학습에 걸림돌로 느껴질 수 있으나, 꾸준히 영어를 학습하며 시간이 갈수록 접하게 되는 중, 고급 단어들은 거의 대부분 규칙을 벗어나지 않으므로 어려운 단어를 쉽게 읽는 보람을 느끼실 수 있을 것입니다.

이 책의 끝까지 차분히 이해하면서 꾸준히 소리내어 읽으면서 연습해보세요. 좋은 발음과 함께 읽는 능력이 그 만큼 차곡차곡 쌓일 것입니다.

## 무성음과 유성음

목에 손을 대고 소리를 내봅니다. 울림이 느껴질 것입니다. 그러나 아래 설명처럼 잘 따라 하면 목이 울리지 않기 때문에 손에 진동이 느껴지지 않을 수 있습니다. 그렇게 목이 울리지 않는 소리를 무성음이라고 하고, 보통 말할 때 목을 만져보면 진동을 느낄 수 있는데 그렇게 진동이 느껴지는 소리를 유성음이라고 합니다. 영어의 외국인인 우리 입장에서는 특히 아래처럼 단어의 끝에 있는 무성음을 잘 구별하도록 주의해야 합니다.

무성음 끝소리 연습: 가벼운 **끝소리~** 영어 단어는 대부분 끝소리가 가볍습니다.

- **무성음**: 목을 울리지 않고 휘파람 불 듯 **허끝 또는 입 끝으로만!** [스] [트] [쉬] [취]
  fox = **쫙**스, sit = **싵**트(싵), ice = **아**이스, church = **춰**어~취, fish = f**퓌**~쉬
- **무성음**: 목을 울리는 [으] 소리는 없이 목구멍에 걸린 **가시 뱉듯이** 작은 소리로 [크]
  take = **태**익크(태익), desk = **데**스크, drink = **드링**크
- **무성음**: 아래 위 입술을 붙인 상태에서 바람 불어 입술이 작게 터지는 듯한 [프] 목울림 없음 주의!
  tape = **태**이프(태잎), lip = **리**프(맆-), loop = **루**-프(뤂-), jeep = **지**-프(짚-)
- **무성음**: F=[fㅍ] 앞니를 아랫입술을 살짝 대고 **바람 불어내는 소리**
  life = **라**이fㅍ, roof = **루** -fㅍ, giraffe = 지**레**/fㅍ
- **유성음**: 맨 끝 Y는 무조건 분명하게 읽기
  baby = 베이**비**, lady = 레이**디**, jelly = **젤리**, happily = 해**필리**

자, 이제 무성음과 유성음이 무엇이 다른 점인지 감이 잡히시나요? 잘 모르겠으면 다시 위의 설명을 잘 읽고 목에 손을 대고 연습해 보세요. 무성음과 유성음을 구별할 줄 알게 되면 영어발음이 한층 원어민식으로 정확해집니다.

무성음 유성음 구별에 느낌이 잘 안오면 여기서 잠시 통과하세요. 이 책을 끝까지 연습하다 보면 느낌이 올 때가 있을 것입니다. 그 구별이 안 된다고 원어민과의 소통이 불가능한 것은 아니니 용기를 가지고 계속 연습해보세요.

단, 그 구별이 잘 안 되는 분들은 대부분의 단어의 끝을 가볍게~ 읽으면서 연습을 계속하세요.

> **Tip** 원어민처럼 발음하는 노하우 1

가벼운 **끝소리~** 영어 단어는 대부분 끝소리가 가볍습니다.

- <u>s, k, p, t, f, sh, ch</u> [스] [크] [프] [트] [f프] [쉬] [취]
  **목으로 내는 [으]소리 없이 입 끝으로만!**
  <u>최대한 가볍게 사라지는 끝소리(무성음 발음법)</u>

  fox = f퐉스, sit = 싵트(싵), ice = 아이스, catch = 캩취

  • 목구멍에 걸린 **가시 뺄듯이** 작은 소리로 **[크]**
    take = 태잌크(태잌), desk = 데스크, drink = 드링크

  • F = [f프] 앞니를 아랫입술을 살짝 대고 **바람불어 내는 소리**
    목으로 내는 [으] 소리 없이 입 끝으로만!!
    life = 라이f프, roof = 루-f프, giraffe = 지레f프

- **맨 끝 Y 는 무조건 분명하게** 읽기
  baby = 베이비, lady = 레이디, jelly = 젤리, happily = 해필리

- b, d, g, z, v [브] [드] [그] [즈] [v브]
  목이 울리는 [으] 소리와 함께! 그러나 **소리의 끝은 가볍게~**

## ● 비슷해 보이지만 다른 소리들: c, k, ck, kn, q, g

| | | |
|---|---|---|
| ㅋ | c | 목에 가시가 걸려서 '켁켁' 거리는 것처럼 [크] 소리를 내 보세요. 이때 목에 손을 대어 진동이 느껴지면 목으로 [으] 소리를 낸 것이므로 틀린 것입니다. 진동이 느껴지지 않아야 합니다. 이런 소리를 **무성음**이라고 합니다. |
| | k | |
| | ck | |
| ㅋ 묵음 k | kn | k가 맨 앞에 있어 착각하기 쉬우므로 주의해야 합니다.<br><br>• n 앞에 k가 있으면<br>• k는 묵음이 되고<br>• n소리만 읽습니다.<br><br>kn = [ㄴ] |
| 쿠 | q | 위의 c와 k와는 달리 목에 손을 대고 [쿠]하면 목에 진동이 느껴질 것입니다. 이런 소리를 **유성음**이라고 하며 q는 그런 [쿠] 소리입니다. |
| ㄱ | g | q와 마찬가지로 **유성음**이라서 목에 손을 대고 [그]하면 목이 울림을 느낄 수 있습니다. |

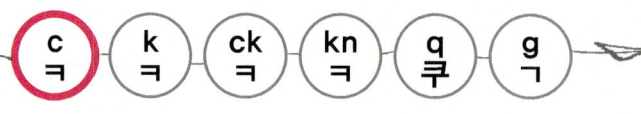

## C c  [ㅋ] 소리

| | 소리값 하나씩 쓰고 부드럽게 연결해서 이어 읽기 | | |
|---|---|---|---|
| cat | | 크애트 → 캐트/ 캩 | 고양이 |
| cup | | 크어프 → 커프 / 컾 | 컵 |
| candy | | 크애은드이 → 캔디 | 사탕 |
| picnic | | 프이크느이크 → 피크닉 | 소풍 |
| coconut | | 크오크오누어트 → 코코넛 | 코코넛 |
| sick | | 스이크 → 시크 | 아픈 |
| scarf | | 스크어~f프 → 스커~f프 | 스칼프 |
| crow | | 크르어우 → 크러우 | 까마귀 |
| collect | | 크얼르에크트 → 컬렉트 | 모으다 |
| copy | | 크아프이 → 카피 | 복사하다 |
| cross | | 크르오스 → 크로스 | 건너다 |

| cánvas | | 크애은v브어스 → 캔v버스 | 캔버스 |
|---|---|---|---|
| compete | | 크어음프이트 → 컴피트 | 경쟁하다 |
| cálculate | | 크앨크율애이트 → 캘큘래이트 | 계산하다 |
| cústom | | 크어스트어음 → 커스텀 | 풍습 |
| cónflict | | 크어은f플이크트 → 컨f플릭트 | 충돌하다 |
| crocodile | | 크르어크어드아일 → 크러커다일 | 악어 |
| cucúmber | | 크유크어음브어~ → 큐컴버~ | 오이 |
| cábbage | | 크애브애지 → 캐배지 / 캐비지 | 양배추 |
| create | | 크르이애이트 → 크리애이트 | 창조하다 |

★ C가 ㅅ소리 내는 경우는 P.63에서 자세히 연습합니다.

비슷하지만 다른 소리들  c ㅋ / k ㅋ / ck ㅋ / kn ㅋ / q 쿠 / g ㄱ

## K k  [ㅋ] 소리

소리값 하나씩 쓰고 부드럽게 연결해서 이어 읽기

| | | |
|---|---|---|
| kid | 크이드 → 키드 | 아이 |
| ki*ck* | 크이크 → 키크/ 킥 | 차다 |
| b*oo*k | 브우크 → 부크/ 북 | 책 |
| neck | 느에크 → 네크/ 넥 | 목 |
| ki*ng* | 크이응 → 킹 | 왕 |
| desk | 드에스크 → 데스크 | 책상 |
| kiwi | 크이우이 → 키위 | 키위 |
| luck*y* | 르어크이 → 럭키 | 행운의 |
| k*ee*p | 크이프 → 키프/ 킾 | 유지하다 |
| k*ey* | 크이 → 키이 | 열쇠 |

| | | |
|---|---|---|
| kit*ch*en | 크이트취은 → 킽췬 | 부엌 |
| ket*ch*up | 크에트취어프 → 켙춮 | 케첩 |
| tw*í*nkle | 트우이은클 → 튕클 | 반짝 |
| kidn*ey* | 크이드느이 → 키드니 | 신장 |
| kil*ó*m*e*t*er* | 크일오므이트어~ → 킬로미터~ | 킬로미터 |

- *ck*: 같은 소리 두 번은 한 번만 세게.
- 맨 끝 y는 항상 소리
- oo [우]
- ng [받침ㅇ]

ENGLISH PHONICS

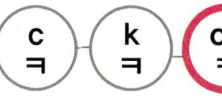    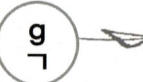

비슷하지만 다른 소리들

## CK ck    [ㅋ] 소리

같은 [ㅋ] 소리를 내는 c와 k가 함께 쓰이는 대표적인 이중자음입니다.
무성음이니 단어 끝에 목을 울리는 [으] 소리가 나지 않으면서 [ㅋ] 소리를 내도록 합니다.

★ 무성음이 무엇인지 아직 잘 모르면 P.53에서 다시 확인하세요.

소리값 하나씩 쓰고 부드럽게
연결해서 이어 읽기

|  | |  |  |
|---|---|---|---|
| duck | | 드어크 → 더크/덕- | 오리 |
| kick | | 크이크 → 키크/킥- | 차다 |
| back | | 브애크 → 백크/백- | 등/ 뒤 |
| sick | | 스이크 → 씨크/씩- | 아픈 |
| stick | | 스트이크 → 스틱 | 막대기 |
| trick | | 트르이크 → 트릭 | 요령, 묘기 |
| truck | | 트르어크 → 트럭 | 트럭 |
| track | | 트르애크 → 트랙 | 궤도 |
| thick* | | 뜨이크 → 띡크/띡- | 두꺼운 |
| block* | | 블로크 → 블록 | 블록,구역 |
| black | | 블래크 → 블랙 | 검정 |
| clock | | 클로크 → 클록/클락 | 벽시계 |
| stock | | 스토크 → 스톡 | 주식, 재고 |
| bucket* | | 브어크에트 → 버켓/버킷 | 양동이 |
| lucky | | (을)르어크이 → 럭키 | 운이 좋은 |
| quickly | | 쿠이클리 → 퀵클리 | 빨리 |
| rock | | 르오크 → 롹 | 바위 |

* th발음법: P.67
* L은 앞글자 받침ㄹ, L 다음에 모음이 오면 혀 위치 때문에 받침ㄹ + ㄹ 효과
* 버켇이 [버킬]으로도 들리는 이유는 e가 액센트가 아니어서. P.106 참고

58

## 비슷하지만 다른 소리들

c 크 — k 크 — ck 크 — **kn 크** — q 쿠 — g 그

### KN kn    k 묵음 n 소리만: ㄴ(니은)

소리값 하나씩 쓰고 부드럽게 연결해서 이어 읽기

|  | |  |  |
|---|---|---|---|
| know | | x느오우 → 노우 | 알다 |
| kni<u>gh</u>t | | x느<u>아이트</u> → 나이트 | 기사 |
| knee | | x느이 → 니 | 무릎 |
| knock | | x느오크 → 노크 | 노크, 똑똑 두들기다 |
| knob | | x느오브 → 놉 | 수도꼭지, 나사꼭지 |
| knife | | x느아이f프 → 나이f프 | 칼 |
| knit | | x느이트 → 니트 | 뜨개질 |
| knead | | x느이드 → 니드 | 주무르다, 반죽하다 |

### 단모음의 단어들을 써 봅시다

키드  
데스크  
넥  
킹  
럭키  
키위

ENGLISH PHONICS

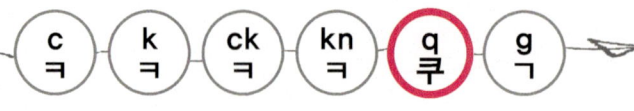

**Q q**   [쿠] 소리 Q는 u와 함께 다녀요 qu~~.
그리고 소리는 둘이 합해서 [쿠], u 묶음

| | 소리값 하나씩 쓰고 부드럽게<br>연결해서 이어 읽기 | | |
|---|---|---|---|
| quit | | 쿠이트 → 퀱 | 그만두다 |
| quick | | 쿠이크 → 퀵 | 빠른 |
| quiz | | 쿠이즈 → 퀴즈 | 퀴즈 |
| quickly | | 쿠이클이 → 퀵클리 | 빨리 |
| queen | | 쿠이은 → 퀸 | 여왕 |
| question* | | 쿠에스쳔 → 퀘스쳔 | 질문 |
| quilt | | 쿠일트 → 퀼트 | 퀼트 |
| squash | | 스쿠어쉬 → 스쿼쉬 | 으깨다 |
| squid | | 스쿠이드 → 스퀴드 | 오징어 |
| quarter* | | 쿠어~트어~ → 쿼터~ | 1/4 |
| quack | | 쿠애크 → 퀵 | 꽥-오리소리 |
| quiet | | 쿠아이어트 → 콰이어트 | 조용한 |
| request | | 르이쿠에스트 → 리/퀘스트 | 요청하다 |
| squeeze | | 스쿠이즈 → 스퀴즈 | 쥐어짜다 |

| aqua* | | 아쿠아 / 애쿠어 | 물 |
|---|---|---|---|
| aquarium | | 아쿠에르이어음 → 어퀘리엄 | 수족관 |
| quality | | 쿠얼이트이 → 퀄리티 | 질 |
| squirrel | | 스쿠어~르얼 → 스쿼럴 | 다람쥐 |
| inquiry | | 이은쿠아이어~이 → 인콰이어리 | 문의하다 |
| quarrel | | 쿠어~르어~ → 쿼~럴 | 말싸움 |
| quarantine | | 쿠얼어은트이은 → 쿼런틴 | 검역 |
| square* | | 스쿠애어~ → 스퀘어~ | 사각형/광장 |

*참고사항 P.62에 계속

## 비슷하지만 다른 소리들

c 크 / k 크 / ck 크 / kn 크 / q 쿠 / **g ㄱ**

**G g** [ㄱ] 소리  그러나 g가 e/ i/ y를 만나면 ㅈ소리로 변합니다.

| 단어 | 소리값 하나씩 쓰고 부드럽게 연결해서 이어 읽기 | | 뜻 |
|---|---|---|---|
| gold | | 그올드 → 골드 | 금 |
| gum | | 그어음 → 검 | 껌 |
| gláss | | 글애스 → 글래스 | 유리잔 |
| gráss | | 그르애스 → 그래스 | 잔디 |
| gorílla | | 그오르일어 → 고릴러 | 고릴라 |
| bug | | 브어크 → 버그 | 곤충 |
| log | | 르오그 → 로그 | 통나무 |
| angry* | | 애은그르이 → 앵그리 | 화난 |
| flag | | f플애그 → f플래그 | 깃발 |
| glóry | | 글오르이/글어~이 → 글러리 | 영광스러운 |
| gáte | | 그애이트 → 개이트 | 대문 |
| góat | | 그오우트 → 고우트 | 염소 |

| | | | |
|---|---|---|---|
| prégnant | | 프르에그느어은트 → 프레/그넌트 | 임신한 |
| góssip | | 그아스이프 → 가싶 | 험담 |
| gólden | | 그올드은 → 골든 | 금빛의 |
| gear | | 그이어~ → 기어~ | 기아/장비 |
| orgánic | | 어~그애느이크 → 어~개닉 | 유기농의 |
| oríginal | | 어~이즈이느얼 → 오리지널 | 원래의 |
| génome | | 즈이느오우음 → 지노움 | 게놈 |
| garden | | 그어~드은 → 가~든 | 정원 |
| organizátion | | 어~그애느이즈애이션 → 어~개니제이션 | 기관 |
| glóbal | | 글오우브어을 → 글로우벌 | 지구의 |

*ng: 받침 ㅇ [응]

★ G가 ㅈ소리 낼 때는 P.63에서 연습합니다.

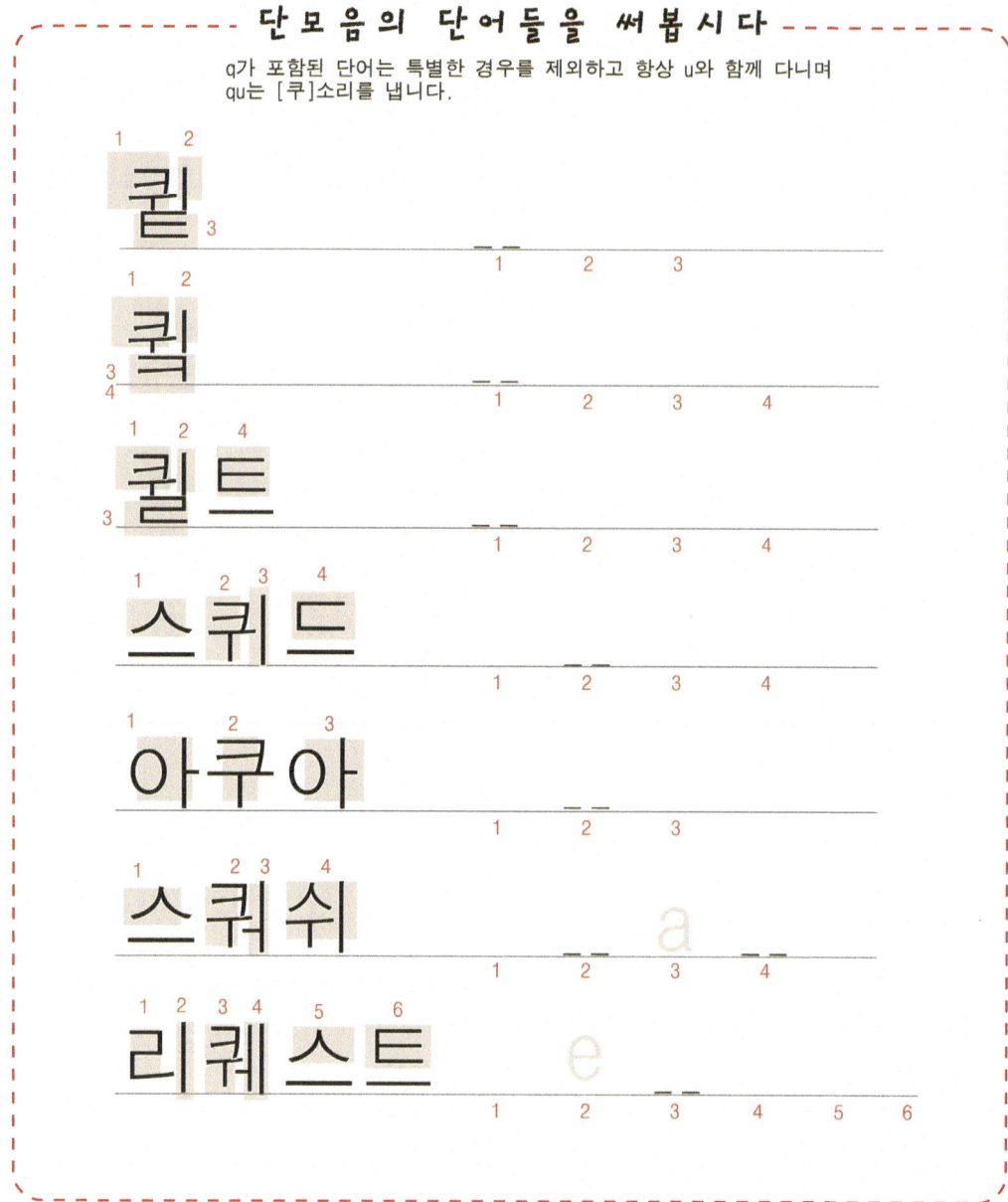

* 학습참고 p.60에서 계속

* ar/er/ir/re, 모음+r=[얼]  미리보기 → P.87
* tion은 단어 끝에 붙어서 [션] 또는 [쳔] 소리를 내며 단어를 명사화시켜 줍니다.
* 첫글자가 qua-인 단어에서 a는 대부분 [아/어] 소리를 냅니다.
* aqua는 사전의 발음기호에는 [애쿠어]로 되어있으나 실제 사용에서는 [아쿠아]로도 많이 사용되고 있습니다.

## ● C, G 두 가지 소리를 내는 글자들

여기서는 C와 G가 자기소리를 찾는 경우인 2순위의 소리들을 따로 모아 연습합니다.

| | | |
|---|---|---|
| **C** | ㅋ | C[씨]니까 [ㅅ] 소리이어야 하나,,, <br> **[ㅋ]**소리가 1순위! |
| | ㅅ | 자기소리인 **[ㅅ]** 소리는 2순위! <br> 그러니까 일단 **[ㅋ]**로 외웁니다. |
| **G** | ㄱ | G[쥐]니까 **[ㅈ]** 소리이어야 하나,,, <br> **[ㄱ]** 소리가 1순위 |
| | ㅈ | 자기소리인 **[ㅈ]** 소리는 2순위! <br> 그러니까 일단 **[ㄱ]**로 외우세요. |

바로 앞에서는 C와 G의 1순위 소리인 [ㅋ]와 [ㄱ]를 연습했습니다.
이제는 C와 G가 제 소리를 찾는 [ㅅ]와 [쥐] 소리를 연습해 봅시다.
C와 G의 소리는 아래와 같이 **바로 다음에 오는 모음에 따라 달라집니다.**

| C 와 G | | c | | | g | | | |
|---|---|---|---|---|---|---|---|---|
| **1순위** 소리 <br> c 또는 g + a/ o/ u/ | ㅋ | ca <br> [카/캐] | co <br> [코] | cu <br> [커] | ㄱ | ga <br> [가/개] | go <br> [고] | gu <br> [거] |
| **2순위** 소리 <br> c 또는 g + e/ i/ y/ | ㅅ | ce <br> [쎄] | ci <br> [씨] | cy <br> [씨] | ㅈ | ge <br> [제] | gi <br> [지] | gy <br> [지] |

두 가지 소리를 내는 글자들

## C + i/e/y = [크]가 아닌 [스]

| | 소리값 하나씩 쓰고 부드럽게<br>연결해서 이어 읽기 | | |
|---|---|---|---|
| i**ce** | | 아이스 | 얼음 |
| jui**ce** | | 즈우스 → 주스 | 주스 |
| pén**cil** | | 프에은스x을 | 연필 |
| dan**ce** | | 드애은스 → 댄스 | 춤 |
| fa**ce** | | f프애이스 → f패이스 | 얼굴 |
| sli**ce** | | 슬아이스 → 슬라이스 | 조각 |
| can**cer** | | 크애은스얼~ → 캔서~ | 암 |
| lí**cense** | | 르아이스에은스 → 라이선스 | 라이센스 |
| ác**ci**dent | | 애크스이드어은트 → 액시던트 | 사고 |
| ex**ci**te | | 이윽스(스)아이트 → 익싸이트 | 흥분하다 |
| **cir**cle* | | 스어~클x → 서~클 | 동그라미 |

왔노라, 보았노라, 이겼노라!! - 유명한 로마장군 시저? 케사르?? 언제부터인가 시저를 케사르라고 하는데……??? 혼동하지 마세요. 동일인 입니다. 시이저의 스펠링은 Cesar이며 Caesar로도 표기합니다. 영어식으로 읽으면 [시저], 로마식으로 읽으면 [케사르 / 카이사르]이라서 그렇습니다.

❋ 같은 소리 두 번이면 한 번만~! ce/ ci/ cy = [스], sci/ sce/ scy = [스]

| s**cí**ssors | | 시저스 | 가위 |
|---|---|---|---|
| s**cí**ence | | 사이언스 | 과학 |
| s**cé**nery | | 시너리 | 경치 |
| s**cent** | | 센트 | 향기 |
| ób**scene** | | 옵신: | 외설한 |
| s**cythe** | | 사이드 | 큰 낫 |

64

## 두 가지 소리를 내는 글자들

## G + i/e/y = [그]가 아닌 [즈]

소리값 하나씩 쓰고 부드럽게 연결해서 이어 읽기

|  | |  |  |
|---|---|---|---|
| gym | | 즈이음 → 짐 | 체육관 |
| giráffe | | 즈이르애f프 → 지래 f프 | 기린 |
| cage | | 크애이지 → 캐이지 | 새장/우리 |
| órange* | | 오르애은즈이 → 어~륀지 | 오렌지 |
| magic | | 므애즈이크 → 매직 | 마법의 |
| genius | | 즈이느이어스 → 지니어스 | 천재 |
| huge | | 흐유즈이 → 휴-지 | 거대한 |
| age | | 애이지 | 나이 |
| ímage* | | 이므이지 → 이미지 | 이미지 |
| energy | | 에느어~즈이 → 에너지 | 에너지 |
| gigantic | | 즈아이그애은트이크 → 자이겐틱 | 거대한 |

*image 사전적 발음기호는 [이미지]라고 되어 있으나 실질적으로는 액센트 부분인 i소리 빼고 나머지 소리는 개인마다 차이가 있어 우리 귀에는 [이메지], [이머지] 등 다양하게 들립니다.

### 많이 사용되는 예외들

—ge- 또는 gi이지만 여전히 [그] 소리를 내는 경우

| get | 겥 | 얻다, 갖다 |
|---|---|---|
| give | 기브 | 주다 |
| gift | 기f프트 | 선물 |
| girl | 그얼 → 걸 | 소녀 |
| begin | 비긴 | 시작하다 |

> **FAQ**  장모음, 어떤 것은 장모음으로 읽고 어떤 것은 안 읽나요?

한 단어 안에 모음 두 개가 나란히, 또는 한 글자를 사이에 두고 가까이 있을 때 앞쪽의 모음을 글자 그대로 읽어주는 것이 장모음읽기 입니다.

초급의 짧은 단어들은 별 문제가 없는데 중급 이상의 단어에는 한 단어 안에 장모음으로 읽을 수 있는 모음이 여러 개가 있는 경우가 많습니다.

**[ex] organizátion**
한 단어 안에 모음이 organizátion 6개나 들어있습니다. 이중에서 장모음으로 읽을 수 있는 모음은 (바로 뒤, 또는 한 글자 다음에 또다시 모음이 오는) 4개나 됩니다.
이렇게 장모음으로 읽을 수 있는 모음이 여러 개인 경우에는 액센트를 중심으로 하나 또는 두 개 정도 장모음으로 읽어줍니다. 그리하여

Organizátion은 어~그애느이즈애이션 ➡ 어~개니재이션 / 어~거니재이션
또는 어~거느아이즈애이션➡ 어~거나이재이션으로도 읽습니다.

**[ex] vacation**
액센트는 두 번째 a에 있으며 장모음으로 읽습니다.
그러면 앞의 a는 힘을 빼앗기므로 [에]비슷한 소리가 되지요?
그러므로 [v브어크애이션 → v버(붜)캐이션으로 읽습니다.

그런데 이렇게 장모음으로 읽을 수 있는 모음이 여러 개인 경우엔
두 개쯤 장모음으로 읽기도 합니다. 두 개의 a가 바로 뒤에 모음이 와서
장모음으로 읽을 수 있는 a이므로 두 번 다 장모음으로 읽으면
[v브애이크애이션 → v배(붸)이케이션으로도 읽습니다.

### ● 비슷해 보이지만 다른 소리들: d, th, t

| | | |
|---|---|---|
| ㄷ | d | 우리에겐 비교적 부담 없는 ㄷ 소리입니다.<br>끝을 가볍게 [드] - 목이 울리는 **유성음**입니다. |
| ㄸ | th | th의 발음은 **두 종류**입니다.<br>1. 혀끝을 앞 윗니 뒤에 대고 ㄷ처럼 발음하는 것과<br>2. 혀끝을 입 밖으로 내밀어 살짝 물고 바람을 살짝 내면서 [뜨] 하는 것. 그러면 [쓰]처럼 들리기도 합니다. 중요한 것은 혀끝이 아래 위 앞니들 사이로 살짝 나와야 한다는 점!<br><br>그것이 어려우면 [뜨]로 된 발음을 해도 됩니다. 혀의 위치와 혀와 앞니 사이에 바람을 내기에 신경 쓰면서 계속 [뜨]하다 보면 정확한 th 발음을 갖게 될 것입니다. |
| ㅌ | t | 입 끝으로만 [트] - **무성음**<br>목에 손을 대서 목소리의 진동이 느껴지지 않아야 합니다. |
| **th와 s 발음구별<br>초보의 함정** | | 혀끝을 내지 않아서 자주 혼동하는 ㄸ와 ㅅ - th와 s의 발음 구별. |

## 비슷하지만 다른 소리들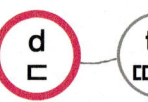

### D d  [ㄷ] 소리

소리값 하나씩 쓰고 부드럽게 연결해서 이어 읽기

| Dad | 드애드 → 대드 | 아빠 |
| doll | 드알 → 달/덜 | 인형 |
| duck | 드어크 → 덕 | 오리 |
| desk | 드에스크 → 데스크 | 책상 |
| sad | 스애드 → 새드 | 슬픈 |
| mud | 므어드 → 머드 | 진흙 |
| lid | 르이드 → 리드 | 뚜껑 |
| dress | 드르에스 → 드레스 | 드레스 |
| glad | 글애드 → 글래드 | 기쁜 |
| drink | 드르이은크 → 드링크 | 마시다 |
| drop | 드르아프 → 드랖 | 떨어지다 |
| déntist | 드에은트이스트 → 덴티스트 | 치과의사 |
| drágon | 드르애그어은 → 드래건 | 용 |
| date | 드애이트 → 대이트 | 날짜 |
| die | 드아이 → 다이 | 죽다 / 주사위 |

| deer | 드이어~ → 디어~ | 사슴 |
| díalog | 드아이얼어그 → 다이얼러그 | 대화 |
| duty | 드유트이 → 듀티 | 의무 |
| deláy | 드일애이 → 딜래이 | 지연되다 |
| direct | 드아이르에크트 → 다이렉트 | 직접적인 |
| diary | 드아이어~이 → 다이어~리 | 일기 |
| dairy | 드애어~이 → 대어~리 | 낙농의 |

**비슷하지만 다른 소리들**  ( d 드 )  ( **th 뜨/쓰** )  ( t 트 )

## TH th   혀끝을 앞니 뒤에 대고 약한 [뜨], [드]의 소리

| | 소리값 하나씩 쓰고 부드럽게<br>연결해서 이어 읽기 | | |
|---|---|---|---|
| this | | 드이스 → 디스 | 이것 |
| that | | 드애트 → 댙 | 저것 |
| they | | 드에이 → 데이 | 그들은 |
| the* | | 더 | 그 |
| there | | 드에어~ → 데어~ | 거기, 저기 |
| these | | 드이즈 → 디:즈 | 이것들 |
| those | | 드오우즈 → 도우즈 | 저것들 |
| mother | | 므아드어~ → 마더~ | 어머니 |
| father | | f프아드어~ → f파더~ | 아버지 |

많이 쓰이는 예외단어. / -ther =[드+어~ ➡ 더~] 조합으로 익혀두면 편합니다.

| weather | | 우에x드어~ → 웨더~ | 날씨 |
|---|---|---|---|
| either | | 이드어~ → 이더~/아이더~ | 둘 다 |
| mother | | 므아드어~ → 마더~ | 어머니 |
| father | | f프아드어~ → f파더~ | 아버지 |

\* 위쪽의 유성음 th[뜨]는 초급영어에서는 여기 있는 단어들이 거의 대부분이며, 초급수준에서 낯선 th단어를 만나면 대부분 혀끝은 내놓고 발음하는 [쓰]발음 단어입니다.

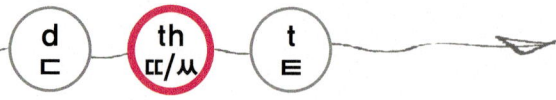

## TH th   [뜨 / 스]의 소리

- **단어 맨 앞: 혀끝을 앞니 사이에 살짝 물고 바람 불면서 다음 글자 소리내기**
- **단어 중간 또는 맨 뒤: 혀끝을 내밀어 살짝 물면서 바람불기**

혀끝을 살짝 물고 바람을 내면서 발음하기 때문에 [스] 같은 소리도 날 수 있습니다. 들리는 소리가 [스]이든 [뜨]이든 중요한 것은 혀끝이 나와야 한다는 것입니다. 혀를 내밀기가 어려운 초보들은 일단 [띠]로 연습해도 됩니다. 원어민도 [띠]로 발음하는 경우가 많습니다.

소리값 하나씩 쓰고 부드럽게
연결해서 이어 읽기

| | | | |
|---|---|---|---|
| mouth | | 므아우**스**(뜨) → 마우**스**(뜨) | 입 |
| thin | | **뜨**이은 → **뜬** | 얇은 |
| think | | **뜨**이은크 → **띵**크 | 생각하다 |
| thank | | **뜨**애은크 → **땡**크 | 고마워하다 |
| bi<u>r</u>thday | | 브어~**스**(뜨)드애이 → 버~**뜨**데이 | 생일 |
| cloth | | 클오스 → 클로**스** | 옷감, 직물 |

| | | | |
|---|---|---|---|
| thi<u>e</u>f | | **뜨**이<u>X</u>f프 → **띠**f프 | 도둑 |
| path | | 프애스 → 패**스** | 작은 길 |
| s<u>ou</u>th | | **스**아우스 → 사우**스** | 남쪽 |
| thrill | | **스**르일 → **스**릴 | 전율, 황홀 |
| thick | | **뜨**이크 → **띡** | 두꺼운 |
| throw | | **쓰**르오우 → **쓰**로우 | 던지다 |

자주 틀리는 발음 th와 s의 구별

영어 초보 중에는 th와 s를 똑같이 [시] 소리로 읽는 분이 많습니다. 가장 많이 사용되는 잘못된 발음의 th는 something과 birthday입니다.

birthday, 우리에게 너무나 친숙한 단어입니다. 우리는 [벌스데이]라고 발음하지요.

그러나 [벌스데이]라고 하면 th의 발음은 전혀 되지 않습니다. [벌스-] 할 때 혀가 쏙 들어가 버리니까요. 원어민들은 반드시 혀끝을 내놓은 발음을 하기 때문에 일반 회화 속도로 발음하는 원어민의 birthday는 우리 귀에는 [벌-떼이]처럼도 들립니다. 우리 식의 [벌스데이]는 birthday가 아니라 birsday???가 되며 마찬가지로 something도 [썸씽]이라고 하면 something이 아니라 some sing이 되어버립니다.

★ **th발음에서 혀끝을 내지 않으면 원어민에겐 이렇게 들립니다.**

| 혀끝을 내밀지 않고 th를 발음할 때 생기는 오해 | | | | | 의미의 오해 |
|---|---|---|---|---|---|
| thin | 띤 | ➡ | sin | 씬 | 얇은 ➡ 죄 |
| thick | 띡크 | ➡ | sick | 씩크 | 두꺼운 ➡ 아픈 |
| thing | 띵 | ➡ | sing | 씽 | 물건 ➡ 노래하다 |
| think | 띵크 | ➡ | sink | 씽크 | 생각하다 ➡ 가라앉다 |
| through | 뜨루 | ➡ | sue | 수우 | 통하여 ➡ 고소하다 |
| mouth | 마우뜨 | ➡ | mouse | 마우스 | 입 ➡ 쥐 |

★ **여기서 주의할 점은 [시] 발음**인데 영어에는 [시] 소리가 없습니다.
   [시]는 혀끝이 입안에서 당겨져 있는 발음이구요, 영어에서는 그런 발음이 없습니다.
   [싀] [씌]처럼 [으이]의 소리가 함께 해야 합니다.
   [스이 ➡ 씌]라고 하면 혀가 입안에 완전히 퍼져서 내려 붙어 있습니다. 이것이 영어에서의 [ㅅ] 소리입니다. 그러므로 [씽] [씬] [씽크]가 아니라 [씡] [씐] [씡크]입니다.
   어려운 분들은 [스이]로 발음해서 연결합니다.
   [스이 응➡ 씡] [스이은 ➡ 씐] [스이응크 ➡ 씡크] (P.15 참고)

★ 평소에 직접 소리 내어 연습하지 않으면 실제로 회화를 하게 될 때 저런 발음구별이 잘 안됩니다.
   평소에 혀와 입술을 주의하며 소리 내서 연습하세요!!! (잔소리)

**FAQ**  이중자음 th 발음 어떻게 하나요?

이중 자음 th의 소리는 우리말 발음에 없고 한글로 표기하기도 힘든 발음입니다만, 우리나라사람이 하기엔 어렵지는 않은 발음입니다.

th발음은 유성음의 th와 무성음의 th- 두 가지 종류가 있습니다.
유성음 th의 발음기호는 [ ð ]이고, 무성음 th의 발음기호는 [ θ ] 입니다.
유성음은 목을 울려서 내는 소리, 무성음은 목을 울리지 않고 입 끝으로만 내는 소리.

★★★ 중요한 것은 혀의 위치!!
**유성음th**는 **혀끝을 앞니 뒤에** 대고 '드(뜨)' 비슷한 소리
**무성음th**는 **혀끝을 앞니 사이에 5밀리 이상** 내밀고 내는 '뜨'와 '쓰'가 복합된 듯한 소리
        <u>윗니와 아랫니 사이에 혀가 살짝 물려있는 상태에서 다음 글자의 소리를 내는 것</u>이 바로
무성음th의 발음법입니다. 그러면 '스'에 가까운 (스+드)소리가 됩니다.

자세한 내용은 각 해당 페이지에서 천천히 부드럽게 이어 읽기를 연습하세요.

※ th가 포함된 모르는 단어를 만났을 때 요령이라면 일단 혀끝을 내는 th로 발음하길 권합니다.
   철자법은 틀리면 안 되지만 발음은 각 개인차가 실제 발음에서 그 정도 융통성은 있는 듯합니다.

## 비슷하지만 다른 소리들    d ㄷ   th ㄸ/ㅆ   t ㅌ

### T t  [ㅌ]의 소리

t는 무성음입니다. 목으로 소리 내지 말고 혀끝으로만 '트' 터드리듯 발음합니다.

소리값 하나씩 쓰고 부드럽게 연결해서 이어 읽기

|  |  |  |
|---|---|---|
| test | ㅌ에스트 → 테스트 | 시험 |
| take | ㅌ애이크 → 테이크 | 가지다 |
| tape | ㅌ애이프x → 테이프 | 테이프 |
| tie | ㅌ아이 → 타이 | 묶다 |
| t<u>ur</u>n* | ㅌ어~은 → 턴~ | 돌리다 |
| still | 스트이을 → 스틸 | 여전히 |
| story | 스트어(오)리 → 스토리 | 이야기 |
| sentence | 스에은스에은스 → 센텐스 | 문장 |
| little | 르이트을 → 리틀 | 어린, 작은 |
| until | 어은트이을 → 언틸 | ~까지 |
| went* | 우에은트 → 웬트 | 갔다 |
| want* | 우어은트 → 원트 | 원하다 |
| point* | 프오이은트 → 포인트 | 요점 |
| next | 느에윽스트 → 넥스트 | 다음 |
| most | 므오스트 → 모스트 | 대부분의 |
| about | 어브아우트 → 어바웉 | ~에 대하여 |
| fi<u>r</u>st* | f프어~스트 → f퍼~스트 | 첫 번째, 먼저 |

\* 모음 + r = [어~] P.87에서 학습예정

\* went와 want는 발음이 혼동될 수 있으니 구별해서 외워둡니다.

\* point: oi 발음 기억 안 나면? → P.46

# English Phonics

## 단모음의 단어들을 써봅시다

테스트

덴티스트

드래곤

옥토퍼스

글로벌

크레디트

테스트 test | 덴티스트(치과의사) dentist | 드래곤(용) dragon
옥토퍼스(문어)octopus | 글로벌(세계적인/지구의)global | 크레디트(신용) credit

### ● 비슷해 보이지만 다른 소리들: f, p, ph

| | | |
|---|---|---|
| f ㅍ | f | 윗니를 아래 입술에 대고 바람을 내는 **무성음** 소리라 한글로 표기가 어려워 읽는 소리 앞에 f를 두고 [fㅍ]으로 표기합니다. 입술이 닿지 않도록 조심합니다. |
| ㅍ | p | 우리에겐 비교적 부담 없는 **무성음** ㅍ소리. 아래 위 입술이 다물었다가 터지는 기분으로 [프] 소리를 냅니다.<br><br>f소리 때문에 입술끼리 닿지 않도록 신경 쓰다 보니, 입술이 닿아야 하는 p의 [프] 소리를 입술을 안 닿고 내는 실수를 하게 되는 것을 주의해야 합니다. |
| f ㅍ | ph | 글자는 ph이지만 소리는 f와 같은 소리를 냅니다. |

> FAQ

### ▎질문!! ▎

**f 발음이 너무 어려워요**

'윗니를 입술에 대고 바람을 불어넣는' 거라는 건 알겠는데, '여기는 f니까 이렇게 해야지' 의식하고 하시나요? 그게 어떻게 자연스럽게 되나요?
읽다가 f에서 계속 멈추니까 잘 안 되네요. 또 soft 처럼 단어 중간에 f 같은 게 있으면 so- 읽을 때부터 윗니를 입술에 대고 하나요. 아니면 so-"f"-t 이런 식으로.. 해야 되나요? ㅠㅠ

### ▎답변 ▎

f자가 보이면 그 순간은 윗입술은 살짝 들고 윗입술 대신 윗니로 아랫입술에 대는 거에요.
꽉 깨물거나 세게 갖다 대는 것이 아니라 그냥 윗입술대신 윗니를 아랫입술에 살짝 대고 바람을 불면서 f a [f프아-f파], f e [f프에-f페], f i [f프이-f픽], f o [f프오-f포], father [f파덜~], fox [f팍스~], flower [f플라우워~]…

  너무 부담갖지 말고 F자가 보이면 윗입술이 없어졌다~ 생각하시고
  soft 스오f프트 ➡ 소f프트, gift 그이f프트 ➡ 기f프트

하나 더 주의사항! f와 t는 무성음이므로 ft의 발음은 목소리 없이 입 끝에서만 일어납니다.

초기엔 f자랑 v자만 보이면 윗입술 들어 올리고 앞니로 대신하기에 신경써야하지만 꾸준히 하다보면 자연스럽게 감이 잡힐 거에요. 차근차근 꾸준히~ 해보세요.

→ P.77에서 계속

---

* family- [패밀리]처럼 소리 나는 이유는?? A가 액센트, i는 액센트가 아니라 자기 소리가 죽어서.
* film - 필름이 아닙니다. [f필-]하면서 **혀끝이 윗니뒤에 올라간 상태**에서 m을 발음하기 위해 **입술이 닫히므로** 소리는 [f필음] 으로, [f픽음]으로 들립니다. 절대로 우리에게 익숙한 [f필름]으로는 발음하지 않습니다.
* fall → go to page 147 'all' 연관단어 학습하기
* ar/ re, 모음+r =[얼] → PP.87~88에서 자세히…

비슷하지만 다른 소리들    f / fㅍ    p / ㅍ    ph / fㅍ

**F f**   [fㅍ] 소리   윗입술이 아랫입술에 닿으면 X, 윗니를 아랫입술에 대고 ㅍ~

소리값 하나씩 쓰고 부드럽게
연결해서 이어 읽기

| fan | | f프애은 → f팬 | 선풍기 |
| flag | | f플애그 → f플래그 | 깃발 |
| fox | | f프아으스 → f팍스 | 여우 |
| fall* | | f프얼 → f펄 | 떨어지다 |
| frog | | f프르어그 → f프러그 | 개구리 |
| fix | | f프이으스 → f픽스 | 고치다 |
| gift | | 그이f프트 → 기f프트 | 선물 |
| soft | | 스아f프트 → 사f프트 | 부드러운 |
| family* | | f프애므이이 → f패밀리/f패믈리 | 가족 |
| fruit | | f프루트 | 과일 |

| front | | f프르어은트 → f프런트 | 앞 |
| film* | | f프일음 → f필음 | 필름 |
| fear | | f프이어~ → f피어~ | 공포 |
| flea | | f플이 → f플리 | 벼룩 |
| afraid | | 어f프르애이드 → 어f프레이드 | 염려하는 |
| fry | | f프르아이 → f프라이 | 튀기다 |
| fly | | f플아이 → f플라이 | 날다 |
| flea | | f플이 → f플리 | 벼룩 |
| féstival | | f프에스트이v브얼 → f페스티v벌 | 축제 |
| frail | | f프르애일 → f프래일 | 연약한 |
| fire | | f프아이어~ → f파이어~ | 불 |

\* 참고사항 P.76

ENGLISH PHONICS

# English Phonics

### 비슷하지만 다른 소리들

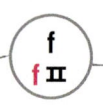  

## P p  [ㅍ] 소리

소리값 하나씩 쓰고 부드럽게 연결해서 이어 읽기

| | | |
|---|---|---|
| pig | 프이그 → 피그 | 돼지 |
| play | 플애이 → 플래이 | 놀다 |
| plan | 플애은 → 플랜 | 계획 |
| page | 프애이지 → 페이지 | 쪽 |
| paper | 프애이프어~ → 패이퍼~ | 종이 |
| pepper | 프에프어~ → 페퍼~ | 후추 |
| please | 플이스 → 플리스 | 공손한 말투 |
| pass | 프애스 → 패스 | 통과 |
| picnic | 프이크느이크 → 피크닉 | 소풍 |
| pick | 프이크 → 피크 | 따다/줍다 |

| | | |
|---|---|---|
| plant | 플애은트 → 플랜트 | 식물/심다 |
| picture | 프이크츄어~ → 픽춰~ | 그림/사진 |
| place | 플애이스 → 플레이스 | 장소 |
| potáto | 프오트애이트오 → 포테이토 | 감자 |
| public | 프어블이크 → 퍼블릭 | 공공의 |
| park | 프어~크 → 파~크 | 공원 |
| pair | 프애어~ → 패어~ | 한쌍/켤레 |
| party | 프어~트이 → 파~티 | 파티 |
| práctice | 프르애크트이스 → 프랙티스 | 연습하다 |
| pear | 프에어~ → 페어~ | 배 |

비슷하지만 다른 소리들    f / fㅍ    p / ㅍ    ph / fㅍ

**PH ph**  [ fㅍ ] 소리   ph가 함께 있으면 f의 소리를 낸다는 점을 주의하세요.

소리값 하나씩 쓰고 부드럽게
연결해서 이어 읽기

élephant          엘이f프어은트 → 엘리f펀트          코끼리

photo             f프오트오 → f포토                  사진

phone             f포오은 → f폰                      전화


phantom           f프애은트어음 → f팬텀              도깨비

phármacy          f프어~므어스이 → f퍼~머시          약국

nephew            느에f프유 → 네f퓨                  남자조카

phýsical          f프이즈이크얼 → f피지컬            육체적인

Philippine        f프일이프이은 → f필리핀/f**필**러핀/f**필**르핀   필리핀

phonics           f프어느이ㅋ스 → f파닉스            음소학

* ew = [우/유]

* ph = f

**CF음악으로도 유명한 곡, 나탈리 콜의 L O V E 로 읽기를 연습해 보세요.**

※ 이제 한글음 토씨는 초보에게 낯설은 단어만 드립니다.^^

| | |
|---|---|
| L O V E _____ Natalie Cole 내틀리 콜 | |
| L is for the way you look at me | L 은 당신이 나를 바라보는 눈길 |
| O is for the only one I see<br>　　　　디　　원(그냥 외우기)<br>※ the 바로 뒤 글자가 모음인 경우엔 [디]로 읽습니다. | O는 내가 바라보는 오직 한 사람 |
| V is very very extra·ordinary<br>엑스트르어·어~드이느어~이: 엑스트러·어디너리 | V는 아주 아주 특별한 |
| E is even more than anyone | E는 당신이 사랑할 수 있는 그 누구보다 더 그 이상인~ |
| that you adore can love<br>adore: or[어~/오~]/ re[어~]: 어도어~ | |
| It's all that I can give to you | 사랑은 내가 당신에게 줄 수 있는 모든 것 |
| Love is more than just a game for two | 사랑은 두 사람을 위한 게임, 그 이상 |
| Two in love can make it | 사랑에 빠진 두 사람만이 만들 수 있는. |
| Take my heart* but please don't break* it<br>* 규칙 예외, 많이 사용되는 단어들<br>* heart: e묵음, break: a장모음 | 내 사랑을 받으세요,<br>그리고 깨지 말아주세요 |
| Love was made for me and you | 사랑이란 당신과 나를 위해 만들어졌어요. |
| – repeat –<br>　　리핕 | – 반복 – |

## ○ 비슷해 보이지만 다른 소리들

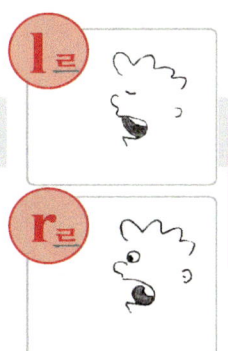

다시 강조하는
중요한 발음:
**혀 위치 조심!!**

| | | |
|---|---|---|
| **ㄹ** | **l** | 앞 글자의 받침 ㄹ소리<br>맨 앞 L일 때, [을]소리를 먼저 살짝 내면 혀를 제 위치에 두고 정확한 L 발음할 수 있습니다. |
| ***ㄹ*** | **r** | 입 천장에 혀가 닿지 않는 ㄹ소리(혀끝을 살짝 들고 '어')<br>• 미국식 영어: 혀끝을 들고 안으로 당기면서 '어~'<br>• 영국식 영어: 혀를 편하게 내려놓고 그 상태 그대로 '아-'같은 R이라도 미국인은 [얼~] 영국인은 [아-]처럼 합니다.<br><br>한글표기: **이탤릭체**와 ~물결표, [롸, 뤠, 뤼, 뤄, 뤄]<br>한글로 소리 표기시 L과 구별하기 위해 R은 이탤릭체와 ~물결표를 활용하여 표기합니다(P.23 설명 참조). |
| **어~** | **모음 + r** | ar, er, ir, or, ur 이렇게 모음과 r이 함께 나란히 있을 때는 r의 소리처럼 [어~] 소리가 납니다.<br>영국식이면 [어/아]에 가깝고 미국식이면 [*얼/알*]에 가까운 소리를 냅니다.<br>※ 미국식이 [알/얼]이라고 받침ㄹ을 표기했어도 r소리이면 혀가 안 닿는 것은 이제 아시지요? ^^ |
| **(묵음)**<br>**L** | **l** | 소리가 없는 l(엘) 조심해야 하는 기본 단어들 |

★ 우리나라 사람에게는 [애]와 [아]가 전혀 다른 소리이지만 영어 원어민들끼리는 같은 것으로 받아들여 그들끼리의 소통에는 지장이 없으나, 한국어를 쓰는 우리 입장에서는 혼란스러울 수 있습니다. 매번 두 가지 발음 다 연습해 두는 것이 좋겠습니다. 단, 명사를 제외하고 [애] [아]의 소리는 액센트일 때만 나며, 액센트가 아니면 [에] 또는 [의] 분명치 않은 소리를 냅니다.

**[에피소드]**

## R 발음 이야기

우리나라 사람들은 좋은 영어발음에 유난히 신경을 많이 쓰는 분들이 많습니다. 정작 원어민들은 의사소통에 문제없으면서 자기만의 개성을 가진 발음을 더 매력있어 하는데, 원어민스럽게 발음을 하고 싶어서 무작정 많이 굴리는 분들도 많이 보았습니다. 그러면 스펠링에 없는 R이 들어간 발음이 되어 원어민들은 알아듣기가 더 힘들어집니다. 유학시절 어학연수온 학생들이 너무 많이 굴려서 원어민들과 의사소통에 어려움을 겪는 것도 여러 번 목격했습니다.

R발음은 이제쯤은 아시겠지만, 혀가 입안에 닿지 않고 내는 ㄹ소리이며, 초보자들 중에는 발음에 어려움을 호소하는 분들이 많습니다. 그런 경우엔 R발음- 혀를 안으로 살짝 당겨 굴리는 발음-을 하지 않아도 크게 문제되지 않는 경우가 많습니다. 아무데나 혀를 굴려 없는 R소리를 넣어 발음하느니 차라리 굴리지 않는 편이 낫습니다. Water를 예로들면 영국인들은 굴림이 전혀 없이 [워터]라고 하고, 미국인들은 엄청 굴려서 [워~러]라고 하지만 서로 의사소통에는 전혀 문제가 없습니다. 그래서 R발음의 어려움을 호소하는 분들께는 '나는 영국식이다~'생각하고 그냥 당분간 하지 말라고 조언 하곤 합니다.

그런데 기본단어중 꼭 지켜야 하는 R 발음 단어 중 work가 있습니다. '걷다'의 walk가 l묵음으로 '워크'이니 '일하다'의 work -'워~크'는 걷다의 walk와 혼동되지 않도록 반드시 '월크'소리가 나는 '워~크'로 발음해주어야 합니다.

제가 유학시절 같은 과 친구들이 일요일에 모여서 프로젝트 회의를 하자는 이야기가 나온적이 있습니다. 전 그때 알바를 해야 했으므로 '난 일요일에 하루종일 일해 - I'm working on Sunday, all day long' 라고 말하는데 발음을 굴리기가 웬지 원어민들 앞에서 쑥스러워서 굴리지 않고 발음했습니다. '아임 워킹 온썬데이……' 그랬더니 친구들이 검지와 중지를 들어올려 걷는 시늉을 하면서 'Oh! Walking on Sunday, all day long?' 하면서 놀리는 것이었지요. 물론 알아듣고 장난치는 것이었지요. 그때 깨달았습니다. 부끄러워 하지 말고 굴려야 할 것은 과감히 굴려야 한다는 것을요.

어떤 분은 남편이 영국에서 2년간 근무하게 되어 그 기간동안 반드시 영어회화를 능통해오리라는 꿈을 안고 런던으로 갔답니다. 야심차게(?) 옆집 아줌마등 주변의 영국인들에게 말을 걸고 차도 한잔 나누려고 시도해봤는데 work와 walk라는 단어를 사용할 때마다 소통이 힘들었고, 그때마다 이렇게 쉬운 단어로도 소통하지 못하는 자신에 좌절했다고 합니다. 그러다 공부의 의지가 꺾여 한인사회안에서만 지내다가 돌아왔다며, 진즉에 L발음과 알고보니 별것 아닌 walk와 work의 발음구별을 할 줄 알았더라면 영국생활 2년이 나머지 인생을 바꿔놓았을 수도 있었다며 안타까워하는 분을 본 적도 있습니다.

좋은 발음을 해보겠다고 무조건 굴리는 것은 안굴리는 것보다도 못한 결과를 가져올 수 있습니다. 그러니 위에서 말씀 드린대로 R발음이 어려운 분들은 어느정도 익숙해질 때까지 R발음에 대한 부담을 버리고 안해서도 크게 문제되지 않습니다. 대신 다른 주의발음들과 액센트에 신경쓰면서 꾸준히 실력을 키우세요. 그러면 점차적으로 '굴림정도'와 상관없이 좋은 발음을 갖게 될 것입니다.

## 비슷하지만 다른 소리들   L/ㄹ   R/ㄹ   모음+r 어~   L묵음

### L l    [ㄹ] 소리   앞 글자의 **받침 ㄹ** / [을] 또는 [르]의 소리   혀 위치 조심!

**ㄹ 소리**
[을]: 모음+L: 바로 앞 글자가 모음일 때는 [을]
[르]: L+모음: 바로 다음 글자가 모음일 때는 [르]

모음을 일일이 따져가며 연습하기엔 초보에게 너무 복잡하게 느껴질 수 있습니다. 그러면 ㄹ/을/르 중에서 하나만 외워서 적용해도 느낌이 올 것입니다. 차분히 읽으면서 연습하세요.

소리값 하나씩 쓰고 부드럽게 연결해서 이어 읽기

|  | |  |  |
|---|---|---|---|
| lip | | 르이프 → 립 | 입술 |
| lamp | | 르애음프 → 램프 | 램프 |
| lemon | | 르애므오은 → 레몬 | 레몬 |
| fámily | | f프애므일이 → f패밀리 | 가족 |
| gláss | | 글애스 → 글래스 | 유리잔 |
| hill | | 흐일 → 힐 | 언덕 |
| yéllow | | 이엘르오우 → 옐로우 | 노란색 |
| milk | | 므일크 → 밀크 | 우유 |
| list | | 르이스트 → 리스트 | 목록 |
| long | | 르오응 → 롱 | 긴 |
| lack | | 르애크 → 래크 | 부족한 |
| life | | 르아이f프 → 라이f프 | 생명 |
| line | | 르아이은 → 라인 | 선 |

➡ 혀 끝을 앞니 뒤에 두고 ('을' 소리를 감춰둔 듯) 'L' 연습 계속…

| | | |
|---|---|---|
| lócal | 르**오**크얼 → **로**컬 | 지역의 |
| lady | 르**애**이드이 → **래**이디 | 숙녀 |
| little | 르이틀 → 리틀 | 어린/작은 |
| lead | 르이드 → 리드 | 이끌다 |
| lunch | 르어은취 → 런취 | 점심식사 |
| lésson | 르에스X은 → 레슨 | 수업 |
| láugh* | 르애Xf프 → 래f프 | 웃다 |
| live(동사) | 르이v브 → 리v브 (동사) | 살다 |
| live(형용사) | 르아이v브 → 라이v브 (형용사) | 살아있는 |

* L이 단어 맨 앞에 있는 경우 첫소리 앞에 소리없이 (을)을 먼저 읽는다고 생각하면 혀가 정확한 위치에 가게 됩니다.
* 맨 끝 Y는 항상 분명하게 소리내줍니다.
* ugh는 대부분 묵음이지만 laugh의 ugh는 [f프] 소리 나는 몇 개 안되는 경우

### Break

### really 리얼리? NO!! [릐~을~리] 릴-리!!

really를 [리얼리]로 발음하시는 분들 상당히 많습니다만 발음을 조금 생각해 볼 필요가 있겠습니다. really를 자세히 보면 r(르) ea(이) ll(을) y(리) ➡ 그러므로 [리얼리]가 아니라

rea(릐: 혀가 안 닿으므로 [리] 보다는 [릐]에 가까운 소리

+

l (혀끝을 입천장 위로 올려 붙이면 [을]소리)

+

ly (을리: L은 앞글자 받침ㄹ+ 다음에 오는 반모음 y와 함께 리)

➡ 그러므로 really의 발음은 [리얼리]가 아니라 [릐을리] 처럼 해야 더 정확한 발음이 됩니다. 부드럽게 이어서 발음해 봅시다. [릐~을~리] 릴-리!!

## 비슷하지만 다른 소리들 — ㄴㄹ / **Rㄹ** / 모음+r 어~ / L묵음

### R r  [ㄹ] 소리    R의 ㄹ소리는 **혀가 입안에 닿으면 X**

소리값 하나씩 쓰고 부드럽게 연결해서 이어 읽기

|  | |  |  |
|---|---|---|---|
| red | | 르에드 → 레드 | 빨강 |
| river* | | 르이브어~ → 리/v버~ | 강 |
| rabbit | | 르애브이트 → 래비트/래빝 | 토끼 |
| rain | | 르애이은 → 래인 | 비 |
| radio | | 르애이드이오 → 래이디오 | 라디오 |
| rice* | | 르아이스 → 라이스 | 쌀 |
| ride | | 르아이드 → 라이드 | 타다 |
| road | | 르오우드 → 로우드 | 길 |
| réal | | 르이얼 → 리/얼 | 진짜의 |
| repeat | | 르이프이트 → 리/피트 | 반복하다 |

|  | |  |  |
|---|---|---|---|
| return | | 르이트얼은 → 리/턴 | 돌아가다 |
| right* | | 르아이트 → 라이트 | 옳은 |
| rose | | 르오우즈 → 로우즈 | 장미 |
| ruler | | 르울얼 → 룰러~ | 자 |
| récord (명사) | | 르에크어~드: 레~코드 | 기록 |
| recórd (동사) | | 르이크어~드 → 리코~드 | 기록하다 |
| mirror | | 므이르어~ → 미러 | 거울 |
| riddle | | 르이들 → 리/들 | 수수께끼 |
| round | | 르아우은드 → 라운드 | 둥근 |
| restaurant* | | 르에스트어르아은X → 레스토랑 | 식당 |

\* restaurant: 순 영어가 아닌 프랑스어에서 온 단어라 불어식으로 읽어서 [레스토랑]입니다.
\* ready: e를 장모음하지 않고 [에소리가 두 번 쓰인, 많이 사용되는 규칙 예외단어
\* au: [오] 닮은 [에] 소리

**ENGLISH PHONICS**

**지금까지 배운 것을 동요로 연습 해볼까요?**

※ 이 곡은 우리나라 동요(리, 리, 리 자로 끝나는 말은~♪♬)와 같은 곡으로써,
　L 발음과 R 발음을 연습하기 좋은 곡입니다.
　한 글자씩 꼼꼼하게 소리를 써보세요.
※ 굵은 글자는 장모음
※ 이탤릭체 부분은 r 영향: 혀가 입천장에 닿지 않도록 조심.
※ L 부분은 혀가 확실히 입천장에 닿도록 주의.

### Row, row, row your b**o**at, 저어라~저어라~노를 저어라~

### Gently down the str**e**am. ~ 물살 따라 부드럽게 흐르면서

### Merrily, merrily, merrily, merrily
　　　　　　　　　　　　　즐겁게, 즐겁게, 즐겁게, 즐겁게~

### Life is but a dr**e**am ~ 인생은 꿈같은 거야~

---

- 로우, 로우, 로우 유*어*~ 보우트
- 젠틀리 다운 더 스트*림*
- 메*럴*리, 메*럴*리, 메*럴*리, 메*럴*리
- 라이f프 이스 밭 어 드림

# English Phonics is just a piece of cake if you use Korean..

### 비슷하지만 다른 소리들 | ㄴ ㄹ | R ㄹ | 모음+r 어~ | ㄴ묵음

## 모음 + r → ar/ er/ ir/ or/ ur  [어~] 소리

> **모음 + r = [어~] 소리**: 실제로는 로마식 발음기호로는 3개 이상의 소리로 나뉩니다.
> 그러나 실제 영어에서는 큰 차이가 없으므로 초급에서 학습이 쉽도록 [어] 소리 하나로 통일했습니다.

소리값 하나씩 쓰고 부드럽게 연결해서 이어 읽기

|  |  |  |
|---|---|---|
| car | 크어~ → 카~ | 자동차 |
| air | 애어~ | 공기 |
| march | 므어~취 → 머~치 | 3월 |
| arm | 어~음 → 앎 | 팔 |
| farm | f프어~음 → f팜 | 농장 |
| girl | 그어~을 → 걸 | 소녀 |
| bird | 브어~드 → 버~드 | 새 |
| thirty | 스어~트이 → 써~티 | 30 |
| dirt | 드어~트 → 더~트 | 흙 |
| smart | 스므어~트 → 스마~트 | 똑똑한 |
| sir | 스어~ → 써~ | 남자어른 호칭 |
| word | 우어~드 → 워~드 | 단어 |
| deer | 드이어~ → 디어~ | 사슴 |
| actor | 애크트 어~ → 액터~ | 영화배우 |
| order | 어드어~ → 어더~/오더~ | 주문하다 |
| fur | f프어~ → f퍼~ | 짐승털 |
| surprise | 스어~프라이스 → 서~프라이즈 | 놀라움 |

 **[모음+r]+e**     **[모음+r]의 예외: 바로 다음에 e가 오는 경우**

바로 앞 페이지의 [모음+r] 다음 글자는 모두 자음입니다. 그런데 [모음+r] 다음에 모음 e가 오면 [모음+r]은 효력이 없고 대신에 r 다음에 e와 함께 [모음+r]의 소리를 냅니다. er이 re로 뒤집혔다고 생각하고 익혀봅시다.

| | | | |
|---|---|---|---|
| ca**re** | | 크애어~ → 캐어~ | 마음쓰다 |
| ba**re** | | 브애어~ → 배어~ | 벌거벗은 |
| da**re** | | 드애어~ → 대어~ | 감히 |
| he**re** | | 흐이어~ → 히어~ | 여기 |
| me**re** | | 므이어~ → 미어~ | 단순히, 단지 |
| fe**re** | | f프이어~ → f피어~ | 동료 |
| ti**re**d | | 트아이어~ → 타이어~ | 피곤한 |
| fi**re** | | f프아이어~ → f파이어~ | 불 |
| wi**re** | | 우아이어~ → 와이어~ | 전선 |
| desi**re**\* | | 드이즈\*아이어~ → 디자이어~ | 욕망 |
| sto**re** | | 스트오우어~ → 스토어~ | 가게 |
| po**re** | | 프오우어~ → 포-어~ | 미세한 구멍 |
| so**re** | | 스오우어~ → 소-어~ | 아픈 |
| mo**re** | | 므오우어~ → 모-어~ | 더 |
| cu**re** | | 크유어~ → 큐어~ | 치유 |
| su**re** | | 스유어~ → 슈어~ | 분명히 |
| pu**re** | | 프유어~ → 퓨어~ | 순수한 |
| inju**re** | | 이은즈유어~ → 인쥬어~ | 부상 입히다 |
| figu**re** | | f프이크유어~ → f피규어~ | 형상, 모습 |

★ desire [디자이어~] s가 ㅈ소리 나는 이유 P.94에서 자세히. ir+e [모음+r+e] P.88

**[에피소드]**  L 발음 때문에~ ㅠ.ㅠ

어느 날 제게 유치원 선생님 한분이 영어 때문에 유치원선생님 못하겠다며 하소연을 시작했습니다.
사연인 즉, 요즘 유치원은 물론 어린이집에서도 간단한 영어교육을 하고 있지요? 그런데 워낙 이 세상이 국제화되어 영어울렁증 선생님에게 운이 없으면(?) 외국에서 살다 온 꼬마도 하나쯤 있기도 합니다.
이 선생님 반에 미국에서 태어나 유치원을 조금 다니다 온 꼬마가 하나 있었답니다.
어느 날 영어단어카드를 놓고 영어수업을 하는데, 유치원 수업이니 간단하지요.
이 선생님이 사과그림이 그려진 카드를 들고 그 미국에서 온 꼬마를 의식하여 발음에 더 신경 쓰면서 유치원 선생님스러운 귀여운 버전의 목소리로 말했답니다.

'여러분~ 이건 **애**~플~~ 따라하세요~ **애**~플~~'

아주 성의껏 굴리느라 굴리며 발음했는데, 그 꼬마 갑자기 손을 들더랍니다.

'선생님, 그건 **애**~플이 아니라 **애**~플이에요~'

같은 '애플'가지고 무슨 소린지 알아듣지 못한 이 선생님은 순간 당황해서, 더 발음을 열심히 굴리며

'애플?'
'아니요, 애플이요~'
'그래, 애플'
'아니라니깐요, 애플~이에요'
......
그 수업시간에 꼬마들 앞에서 무척 당황하고 혼이 났다는 그 선생님은 영어 때문에 유치원선생님도 못하겠다고 하소연하는 것이었습니다. 무엇이 문제였을까요?
지금까지 이 책을 제대로 보셨다면 답이 나와야 합니다.^^

답은.. 이 선생님이 apple의 l을 발음할 때 혀끝이 윗니뒤 입천장에 닿지 않았던 겁니다.
그러니 아이의 귀에는 선생님이 apple를 apper이라고 말하는 것으로 들렸고, 아니라고 했더니 이번엔 선생님이 'affel' 또는 'affer' 등 자꾸 이상한 말씀을 하신 것으로 들린 것입니다.

제가 아는 지인의 경험으로는 대학시절 어학연수 갔을 때 식당이나 팝에서 식사를 마치고 '영수증 주세요'란 의미로 'Bill, please~'라고 하면 자꾸 무슨 맥주beer 달라는 거냐고 물어오던 식당 종업원 때문에 좌절했던 경험을 고백하기도 했습니다. 매번 계산하려고 할 때마다 이런 일이 반복되니 스트레스 쌓여서 맥주 한 잔 하러 Pub에 가기가 두려웠었다더군요. 그러면서 그때 이것을 알았더라면 어학연수의 효과가 얼마나 더 좋아졌을까 많이 아쉬워했습니다.

L발음은 혀끝이 입천장에 닿아야만 L이 됩니다. 아니면 R이 되는 것을 잊지마세요!

##  많이 사용되는 L 묵음

| | 소리값 하나씩 쓰고 부드럽게<br>연결해서 이어 읽기 | | |
|---|---|---|---|
| walk | | 우어x크 = 워크 | 걷다 |
| talk | | 트어x크 = 터크 | 이야기하다 |
| half | | 흐애(아)x프 = 해f프 (하f프) | 1/2, 반 |
| balm | | 브아x음 = 밤 | 연고 |
| calm | | 크아x음 = 캄 | 침착한 |
| folk | | f프오x크 = f포크 | 사람들 |
| palm | | 프아x음 = 팜 | 손바닥 |
| psalm | | x스애x음 = 쌤 (ps-=p묵음) | 찬송가 |
| would* | | 우드 / 욷 | (조동사) |
| could* | | 쿠드 / 쿧 | |
| should* | | 슈드 / 슏 | |
| almond | | 아x므오은드 = 아몬드 | 아몬드 |
| chalk | | 취오x크 = 춰-크 | 분필 |
| salmon | | 스애x므어은 = 쌔먼 | 연어 |

* walk [워크]는 work는 [워~크] '일하다'와 혼동될 수 있으므로 **특히** 주의해야 합니다.
* '걷다'의 walk '워크'에는 절대 혀가 당겨져 ㄹ소리가 나면 안됩니다. 부담없이 [윅크]로 읽으면 됩니다.

## 비슷해 보이지만 다른 소리들: j, z, s

!!주의!! 약간씩 다른 ㅈ의 소리들

| ㅈ | j | 우리에게 부담 없는 ㅈ소리 [즈] |
|---|---|---|
| ㅈ | z | 조금 부담스러운 ㅈ소리<br>혀 앞부분과 앞니 뒤 입천장을 종이 한 장 두께 만큼 띄우는 기분으로 가까이하고 [즈] 진동소리가 나는 ㅈ소리 |
| ㅈ | s | s는 ㅅ소리가 기본이지만<br>s의 양쪽에 모음이 있을 때는<br>z의 ㅈ소리가 **아주 살짝** 납니다. |

# English Phonics

**비슷하지만 다른 소리들**    ( j / ㅈ )  ( z / ㅈ )  ( s / ㅈ )

## J j    [ㅈ] 소리

소리값 하나씩 쓰고 부드럽게
연결해서 이어 읽기

| | | |
|---|---|---|
| jam | 즈애음 → 잼 | 잼 |
| jet | 즈에트 → 제트 | 제트기 |
| jump | 즈어음프 → 점프 | 점프하다 |
| joy | 즈오이 → 조이 | 즐거움 |
| jelly | 즈엘르이 → 젤리 | 젤리 |
| jácket | 즈애크이트 → 제킽 | 쟈켓 |
| just | 즈어스트 → 저스트 | 그냥, 단지 |
| pajáma* | 프어즈애므어 → 퍼재머 | 파자마 |
| job | 즈아브 → 잡/좝 | 일 |
| join | 즈오이은 → 조인 | 합치다 |
| juice | 즈우스 → 주스 | 주스 |

| | | |
|---|---|---|
| project | 프르오즈에크트 → 프로젝트 | 계획 |
| óbject | 오브즈에크트 → 옵젝트 | 물체 |
| jungle* | 즈어은글 → 정글 | 정글 |
| jar | 즈어~ → 자~/저~ | 단지 |
| jade | 즈애이드 → 재이드 | 옥 |
| James | 즈애이음스 → 재임스 | 제임스 |
| Japán* | 즈어프애은 → 저팬 | 일본 |
| jazz | 즈애즈 → 재즈 | 재즈 |
| jeep | 즈이프 → 지프 | 지프차 |
| jerk | 즈어~크 → 저~크 | 육포 |
| Jakárta* | 즈어크어~트아 → 저카~타 | 자카르타 |

\* Pajama/ Japan/ Jakarta: [파자마/ 재팬/ 자카르타]가 아니라 [퍼재머/ 저팬/ 저카~타]로 발음하는 이유는? 액센트가 아닌 모음은 모두 [에 비슷한 소리로 작아지기 때문이지요.
\* ce [스]

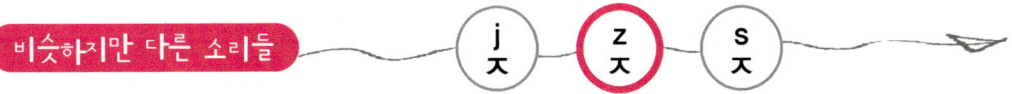

## Zz [ㅈ] 혀끝을 입안 윗천장에 가까이 대고 울리면서 내는 ㅈ소리
(핸드폰 진동모드 같은 소리)

우리에게 약간 부담스러운 소리는 z다음에 [이] 소리가 올 때입니다.
우리말식으로 [지]라고 하면 혀가 당겨져 있지요? 그럼 그것은 j의 [지]입니다.
[즤]를 먼저 말한 다음 혀를 움직이지 않고 [이]를 발음하면 [즥] 라고 발음되고 그것이 z가 포함된
[지] 소리입니다. 그래서 여기서는 [즤]라고 표기합니다.

소리값 하나씩 쓰고 부드럽게
연결해서 이어 읽기

|  |  |  |
|---|---|---|
| zipp**er** | 즈이프어~ → 즤퍼~ | 지퍼 |
| z**e**bra | 즈이브르아 → 즤브라 | 얼룩말 |
| z**í**gzag | 브이그즈애그 → 즥그즈ㅐ그 → 즥-즈액- (처럼도 가능) | 지그재그 |
| z**e**ro | 즈이르오 → 즤-로 | 0 |
| z**o**ne | 즈오은 → 존- | 구역 |
| zoo | 즈우 → 주- | 동물원 |
| buzz | 브어즈 → 버즈- | 윙윙소리 |
| size | 스아이즈 → 사이즈 | 크기 |
| amaze | 어므에이즈 → 어매이즈 | 놀라다 |
| azure* | 어(애)즈유어~ → 어쥬어~/어쥬어 | 하늘빛색 |
| abuzz | 어브어즈 → 어버즈 | 웅성대는 |
| equalize | 이쿠얼르아이즈 → 이퀄라이즈 | 평등하게 하다 |
| Amazon* | 애(아)므아(어)즈오은 → 애머존/애머전/아마존/아마전 | |

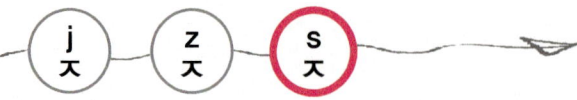

## S s  [ㅈ]  모음+S+모음

한 단어 안에서 S의 양쪽에 모음이 있을 때는 S의 소리가 아주 약간 ㅈ소리가 납니다. 이때 ㅈ소리는 Z의 ㅈ소리라 혀를 살짝 끌어야 하는데 이 발음이 부담스러운 초보들은 **아주 약하게 ㅈ소리**를 내도록 주의해야 합니다.

※ 이 규칙은 S 뿐 아니라 ㅅ의 소리를 내는 C 또는 ㅅ소리를 내는 다른 경우에도 적용되나 여기서는 초급 단어를 위주로 연습합니다.

소리값 하나씩 쓰고 부드럽게 연결해서 이어 읽기

| 단어 | 소리 | 뜻 |
|---|---|---|
| rose | 르오우즈 → 로우즈 | 장미 |
| nose | 느오우즈 → 노우즈 | 코 |
| music | 므유즈이크 → 뮤직 | 음악 |
| user | 유즈어~ → 유저~ | 사용자 |
| busy | 브이즈이 → 비즤 | 바쁜 |
| eraser | 이르애이즈어~ → 이래이저~ | 지우개 |
| reason* | 르이즈어은 → 리즌 | 이유 |
| d**e**sert* | 드**에**즈어~트 → **데**저~트 | 사막 |
| dess**e**rt* | 디즈**어**~트 → 디**저**~트 | 디저트 |
| desire | 드이즈아이어~ → 디자이어~ | 욕망 |
| **p**hysical* | f프이즈이크어을 → f피즤컬 | 육체적인 |
| museum | 므유즈이X음 → 뮤지음 | 박물관 |
| season* | 스이즈어은 → 싀즌 | 계절 |
| **pl**easure* | 플래즈유어~ → 플래쥬어~ | 보물 |
| scissors* | 스이즈어~스 → 씌-저~스 | 가위 |
| cruse | 크르우즈 → 크루즈 | 크루즈선박 |

* reason/ prison/ season 에서 -son이 [즌] 소리가 나는 것은 액센트가 아니라서 모음 o의 발음이 약해졌기 때문 * ph = [f]소리 * pleasure: ea 장모음 안함. 모음＋r＋e 규칙 적용

* desert와 dessert는 비슷한 단어인데 장모음이 거꾸로 적용된 듯한 예외단어. 굵은 글씨는 액센트.

94

## 비슷해 보이지만 다른 소리들: s, sh, ch, ps

**아래 세 가지는 모두 무성음. 무성음 주의!!**
무성음이 무엇인지 확실히 기억이 나지 않으면 Back to page 53.

| s | ㅅ | 우리에게 부담 없는 ㅅ소리 [스] <br> **무성음**이므로 입으로만 바람소리 내듯 [스] |
|---|---|---|
| sh | 쉬 | 조용히 쉿! 할 때처럼 목울림 없이 내는 **무성음**소리 [쉬] |
| ch | 취 <br><br> 크 <br><br> 쉬 | 위의 [쉬] 소리처럼 내는 **무성음**소리 [취] <br> 목을 울려서 내는 [으] 소리가 있으면 안 됩니다. <br><br> 초급 영어에서 ch는 대부분 [취] 소리를 내지만 중고급의 단어에서는 ch가 [크] 또는 [쉬] 소리를 내기도 합니다. 자세한 것은 ch 페이지에서 다룰 것이며 지금은 ch가 [취] 소리라는 것 먼저 외웁니다. |
| ps | ㅅ | 단어 맨 앞의 ps에서 p는 묵음. <br> 왕초보는 참고로 그냥 한 번 읽어두는 기분으로 넘어가세요. |

### 비슷하지만 다른 소리들 | s ㅅ | sh 쉬 | ch 취 | ch 크 | ch 쉬 | ps ㅅ |

## S s  [ㅅ] 입 끝으로 바람 불어 내는 [스] 소리

- s + 모음 = [씨]    s 다음에 모음이 오면 [스] 소리가 강하게 나서 [씨]
- s + 자음 = [ㅅ]    s 다음에 자음이 오면 [스] 소리가 약하게 나서 [스]
- '씨' 소리 주의 연습 P.15

소리값 하나씩 쓰고 부드럽게
연결해서 이어 읽기

|  | |  |  |
|---|---|---|---|
| sun | | 스어은 → 썬 | 해 |
| sand | | 스애은드 → 쌘드 | 모래 |
| six | | 스이윽스 → 식스 | 6 |
| sound | | 스아우은드 → 싸운드 | 소리 |
| second | | 스에크어은드 → 쎄컨드 | 두 번째 |
| sorry | | 스오르이 → 쏘리 | 미안한 |
| service | | 스어~v브이스 → 써~v비스 | 서비스 |
| smile | | 스므아일 → 스마일 | 미소 짓다 |
| start | | 스트어~트 → 스타~트 | 시작하다 |
| score | | 스크오어~ → 스코어~ | 점수 |
| store | | 스트오어~ → 스토어~ | 가게 |
| smart | | 스므어~트 → 스머~트/스마~트 | 똑똑한 |
| steam | | 스트이음 → 스팀- | 증기 |
| skin | | 스크이은 → 스킨 | 피부, 껍질 |
| snack | | 스느애크 → 스낵 | 간식 |

- s가 ㅈ소리 날 때 연습 P.94 다시 보기

## 비슷하지만 다른 소리들

( s / ㅅ ) — ( **sh / 쉬** ) — ( ch / 취 ) — ( ch / ㅋ ) — ( ch / 쉬 ) — ( ps / ㅅ )

## SH sh   [쉬] 이중자음

소리값 하나씩 쓰고 부드럽게 연결해서 이어 읽기

|  | |  |  |
|---|---|---|---|
| ship* | | 쉬이프 → 쉬프 | 배 |
| sheep* | | 쉬이프 → 쉬ː프 | 양 |
| shape | | 쉬애이프 → 쉐잎 | 모양/형태 |
| shirt | | 쉬어~트 → 셔트 | 셔츠 |
| short | | 쉬어~트 → 셔~트/쇼~트 | 짧은 |
| fish | | f프이쉬 → f피쉬 | 물고기 |
| wash | | 우어쉬 → 워쉬 | 씻다 |
| brush | | 브르어쉬 → 브러쉬 | 솔질하다 |
| shower | | 쉬아우어~ → 샤워~ | 샤워/소나기 |
| radish | | 르애드이쉬 → 래디쉬 | 무 |
| trash | | 트르애쉬 → 트래쉬 | 재 |
| shine | | 쉬아이은 → 샤인 | 빛나다 |
| fresh | | f프르에쉬 → f프레쉬 | 신선한 |
| shake | | 쉬애이크 → 쉐이크 | 흔들다 |
| push* | | 프우쉬 → 푸쉬 | 밀다 |
| shoe* | | 쉬우 → 슈 | 신발 |

* ship과 sheep은 우리식으로는 같은 [쉬프]의 소리이나, ship는 단모음이므로 짧게 [쉬프]으로 읽고, sheep는 장모음이므로 [쉬ː] 길게 읽습니다.
* push: 한 단어 안에 모음이 하나밖에 없을 때 장모음으로 읽어주는 경우가 많습니다.
* shoe[슈] 많이 사용되는 파닉스 예외단어 중 하나입니다. 그런데 신발은 두 짝씩 사용되는 물건이므로 복수형 shoes [슈즈]로 사용되어 우리 귀에는 '슈즈'라는 단어가 친숙합니다.

비슷하지만 다른 소리들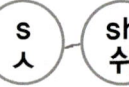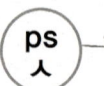

## CH ch  [취] 이중 자음

소리값 하나씩 쓰고 부드럽게 연결해서 이어 읽기

|  | |  |  |
|---|---|---|---|
| ch**ee**se | | 취이즈 → 치즈 | 치즈 |
| ch**i**ld | | 취아일드 → 촤일드 | 어린이 |
| chíldren* | | 취일드르어은 → 췰드런 | 어린이들 |
| chícken* | | 취이크은 → 취큰 | 닭 |
| l**u**nch | | **ㄹ**어은취 → 런취 | 점심식사 |
| rich | | 르이취 → 리/취 | 부유한 |

| kítchen* | | 크이트취은 → 킽췬 | 부엌 |
| ch**ea**p | | 취이프 → 취프 | 값싼 |
| catch | | 크애트취 → 캩취 | 잡다 |
| b**ea**ch | | 브이취 → 비취 | 바닷가 |
| p**ea**ch | | 프이취 → 피취 | 복숭아 |
| chore | | 취오어~ → 쵸어~ | 허드렛일 |
| chin | | 취이은 → 췬- | 턱 |
| chip | | 취이프 → 췹 | 조각 |
| ch**ai**n | | 취애인 → 췌인 | 사슬 |
| ch**ea**t | | 취이트 → 취-트 | 속이다 |
| channel | | 취애느얼 → 췌널 | 채널/경로 |

\* 이쯤 오면 children, chicken, kitchen이 [췰드렌, 취켄, 킽췐]이 아니라 [췰드런, 취큰, 킽췬]처럼 발음되는 이유를 아시겠지요?

\* 자세한 설명은 P.106에서 확인하세요.

비슷하지만 다른 소리들 — s ㅅ / sh 쉬 / ch 취 / **ch 크** / ch 쉬 / ps ㅅ

## CH ch

h묵음 [크] 소리   기초영어수준에서 생소하다 싶은 단어는 ch가 묵음인 ch일 확률이 높습니다.

소리값 하나씩 쓰고 부드럽게 연결해서 이어 읽기

|  |  |  |
|---|---|---|
| school | 스크x울 → 스쿨 | 학교 |
| héadache | 흐애x드애이크 → 헤데이크 | 두통 |
| tóothache | 트우스애이크 → 투스애이크 | 치통 |
| stomach | 스터어므어크 → 스토머크 | 복부 |
| stómachache | 스트오므어크애이크 → 스토먹애이크 | 복통 |

| schedule | 스크에드율 → 스케쥴 | 일정 |
| scholar | 스크알러~ → 스칼러~ | 학자, 장학생 |
| Chrístmas | 크르이스x므어스 → 크리스머스 | 크리스마스 |
| mocha | 므오크어 → 모커 | 모카 |
| cholésterol | 크올에스트에르올 → 콜레스테롤 | 콜레스테롤 |
| árchitect | 어~크이트에크트 → 어~키텍트 | 건축가 |
| órchestra | 어~크에스트르어 → 어~케스트러 | 오케스트라 |
| téchnical | 트에크느이크얼 → 테크니컬 | 기술적인 |
| character | 크애르에크트어~ → 캐랙터/캐릭터 | 성격 |
| chemistry | 크애므이스트르지 → 캐미스트리 | 화학 |
| zucchini | 즈유크이크이 → 쥬키니 | 서양 애호박 |

* choir [콰이어~] 합창단, 성가대 파닉스규칙 완전 열외! ← 이런 단어도 있답니다.
* 이중모음 oo: [위] 소리

−ache 는 a를 장모음으로 ch를 [크]로 읽어서 [애이크]로 읽으며, '통증'이란 의미를 가진 접미사로써 여러 가지 통증 관련 단어에서 볼 수 있습니다.
• head + ache = headache: 머리 + 통증 = 두통
• stomach + ache = stomachache: 복부 + 통증 = 복통
• tooth + ache = toothache: 치아 + 통증 = 치통

비슷하지만 다른 소리들

## CH ch   [쉬] 소리

[쉬] 소리는 영어에서는 sh 임을 앞에서 연습했습니다. 여기서 ch가 sh처럼 [쉬] 소리를 내는 것은 영어가 아니라 영어에서 사용되는 프랑스어의 외래어이거나 이와 비슷한 경우입니다. 그러므로 이렇게 영어 안에서 만나는 외래어는 그때그때 따로 익혀야겠습니다.

- 여기서는 영어가 아니므로 소리 순서대로 읽기는 생략합니다.
- 기초학습자의 경우 이 부분은 참고만 하고 넘어가고 나중에 다시 학습해도 됩니다.

소리값 하나씩 쓰고 부드럽게
연결해서 이어 읽기

|  |  |  |
|---|---|---|
| machine | 머쉰- | 기계 |
| chef | 쉐f프 | 주방장 |
| Chanel | 샤넬 | 샤넬 (브랜드명) |
| Chicago | 시카고 | 시카고(미국도시) |
| brochure | 브로슈어 | 안내서 |
| parachute | 패러슈트/파라슈트 | 낙하산 |
| chandelier | 솅들리에/샹들리에~ | 샹들리에 |
| chanson | 솅성/ 솅스언 | 샹송(프랑스노래) |
| *Chevrolet | 쉐v뷜레이 | 쉐보레(미국자동차 브랜드) |

* chevrolet: 영어가 아니니 ch 발음만 참고하세요.

Break

## 우리에게도 친숙한 영어 속의 프랑스 외래어

우리 말 속에 버스, 피자, 주스, 컴퓨터 등 수많은 외래어가 있듯이 영어에도 영어로 사용되는 다른 나라 단어들이 많이 있습니다. 그 중에 우리에게도 친숙한 것들이 아래처럼 꽤 많이 있습니다. 주로 프랑스어에서 왔습니다.

| | | |
|---|---|---|
| encore | 앙코~ /앵코~(르) | 앙콜 |
| restaurant | 뤠스터랑 | 레스토랑 |
| café | 케f풰이 / 케-f풰 | 카페 |
| buffet | 버f풰이/부f풰이 | 뷔페 |
| salon | 살롱/살론 | 살롱 |
| bouquet | 버케이 | 부케 |
| grand prix | 그랑 프리 | 그랑프리 (대상) |
| parasol | 패러솔/파라솔 | 파라솔 |
| nuance | 뉴안스/뉴앙스 | 뉘앙스, 미묘한 차이 |
| genre | 쟌-뤄 | 장르, 분야 |
| fiancé | f퓌앙세 | 피앙세, 약혼자 |
| bourgeois | 브~죠아~ | 브루조아, 중산층 |
| veteran | v붸터란/v붸테랑 | 퇴역군인의, 노련한 |
| crayon | 크래이욘/크래이용 | 크레용 |
| ballet | 밸래이/발-레 | 발레 |

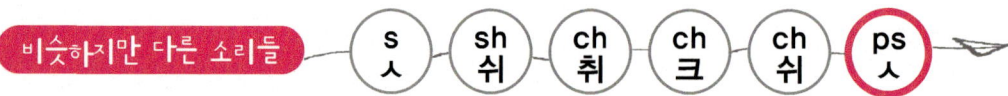

## PS ps    p묵음 [ㅅ] 소리

**프시케 이야기 프쉬케와 싸이코**

- 그리스 로마 신화에서 미의 여신 비너스의 아들인 사랑의 신 에로스(Eros- 로마신화에서는 큐피드 cupid)는 아름다운 인간여성 프쉬케 psyche를 사랑하게 됩니다. 이들의 사랑은 주변의 질투로 인한 우여곡절을 겪고 신화가 되지요. 워낙 유명한 이야기라 그 내용은 잘 몰라도 '에로스' '큐피드' '프쉬케'이런 이름은 귀에 익으실 겁니다. 여기서 프쉬케의 이름에서 파생된 단어로 파닉스를 잠깐 알아보겠습니다.

- 신화의 내용상 사랑과 욕망이라는 의미의 Eros에 반해, 프쉬케는 영혼 또는 정신적 사랑을 의미합니다. 육체적 사랑과 정신적 사랑을 결합하여 완전한 사랑을 의미하는 신화가 되겠습니다. 바로 이런 점에서 유래하여 프쉬케의 이름은 정신의학 관련용어에 사용하게 되었나 봅니다.

- Psyche - 그리스식으로 읽으면 [프쉬케]이나 영어식으로 읽으면 [싸이키]가 됩니다.
Ps 처럼 s앞에 p가 있으면 p는 묵음이 됩니다. 그리고 ch발음의 경우 [취]보다는 [크] 소리로 발음되어 Psyche = x + 스 + 아이(y장모음) 크 + x + 이(e 장모음) = [싸이키] 가 됩니다.

| | 소리값 하나씩 쓰고 부드럽게<br>연결해서 이어 읽기 | | |
|---|---|---|---|
| Psy | | X 스 아이 → 싸이 | 가수 싸이 |
| Psyche | | X 스 아이 크 x 이 → 싸이키 | 마음, 정신 |
| Psychic | | X 스 아이 크 x 이 ㄱ → 싸이킥 | 정신적인 |
| Psycho | | X 스 아이 크 x 오 → 싸이코 | 정신병자 |
| Psychology | | X 스 아이 크 x 올 오 즈 이<br>→ 싸이콜로지 | 심리학 |
| Pseudo | | X 스 유도오 → 슈도/수-도 | 가짜의 |
| Psalm* | | X 스 애 x 음 → 쌤 | 찬송가 |
| psalter | | X스알트어~ → 스알터~ → 쌀터~ | 시편 |

\* psalm: L묵음

## 초보가 실수하기 쉬운 비슷한 두 발음: m, n

소리는 전혀 다르지만 글자들이 비슷해서 혼동하기도 하고, 의외로 우리말 발음에서 ㅁ과 ㄴ의 발음이 정확하지 않은 분들도 많습니다. 명확하게 발음해 버릇합시다.

| m | ㅁ | ㅁ: 아래 위 입술을 다물거나 뗄 때 나는 소리 [음/ 므]<br>[음]: **모음** + m: 바로 앞 글자가 모음일 때는 [음]<br>[므]: m + **모음**: 바로 다음 글자가 모음일 때는 [므] |
|---|---|---|
| n | ㄴ | ㄴ: **입술은 떼고** 혀 가장자리가 입천장 전체에 닿았다 떼었다 하면서 내는 [은/느] 소리<br>[은]: **모음** + n: 바로 앞 글자가 모음일 때는 [은]<br>[느]: n + **모음**: 바로 다음 글자가 모음일 때는 [느] |

일일이 모음을 따져가며 하기엔 초보에게 어렵게 느껴질 수도 있습니다. 그러면 [ㅁ/ 음/ 므], [ㄴ/ 은/ 느]에서 한 가지만 적용해서 연습하세요. 소리 내서 꾸준히 읽기연습을 하다 보면 자연스럽게 연결될 것입니다.

## 비슷한 두 발음

**M m**  [ㅁ] 소리 → [음] 또는 [므]의 소리

소리값 하나씩 쓰고 부드럽게 연결해서 이어 읽기

|  |  |  |
|---|---|---|
| mom | 므아음 → 맘 | 엄마 |
| much | 므어취 → 머취 | 많이 |
| lémon | 르에므오은 → 레먼 | 레몬 |
| music* | 므유스이크 → 뮤직 | 음악 |
| middle | 므이들 → 미들 | 중간 |
| mask | 므애스크 → 매스크 | 가면 |
| make | 므애이크 → 매이크 | 만들다 |
| márket* | 므얼크이트 → 머~킷 | 시장 |
| mirror | 므이르얼 → 미러~ | 거울 |
| model* | 므아드x을 → 마들 | 모델 |
| mouth | 므아우스 → 마우스 | 입 |
| morning | 므어~느이응 → 머~닝 | 아침 |

|  |  |  |
|---|---|---|
| pumpkin* | 프어음프크이은 → 펌(프)킨 | 호박 |
| méntal | 므에은트얼 → 멘털 | 정신의 |
| master | 므애스트어~ → 매스터~ | 숙련자/고수 |
| mountain | 므아우은트x이은 → 마운틴 | 산 |
| mínus | 므아이느어스 → 마이너스 | 빼기 |
| moist | 므오이스트 → 모이스트 | 수분의 |
| mónster | 므오은스트어~ → 몬스터~ | 괴물 |
| month | 므어은스 → 먼스 | 달(월) |

104

## 비슷한 두 발음    M ㅁ   N ㄴ

**N n**   [ㄴ] 소리 → [은] 또는 [느]의 소리

소리값 하나씩 쓰고 부드럽게 연결해서 이어 읽기

| 단어 | 소리 | 뜻 |
|---|---|---|
| net | 느에트 → 네트/넷 | 그물 |
| nest | 느에스트 → 네스트 | 둥지 |
| neck | 느에크 → 네크/넥 | 목 |
| melon | 므엘오은 → 멜론 | 멜론 |
| rain | 르애이은 → 래인 | 비 |
| next | 느에윽스트 → 넥스트 | 다음 |
| ánimal | 애느이므얼 → 애니멀 | 동물 |
| nurse | 느어~스 → 너~스 | 간호사 |
| night* | 느아이X트 → 나이트 | 밤 |
| nice* | 느아이스 → 나이스 | 멋진 |
| name | 느애이음 → 내임 | 이름 |

| | | |
|---|---|---|
| dónkey | 드어은크이 → 덩키 | 당나귀 |
| nárrow | 느애르오우 → 내로우 | 좁은 |
| never | 느에v브어~ → 네v버~ | 결코~않다 |
| north | 느어~스 → 너~스/노~스 | 북쪽 |
| number | 느어음브어~ → 넘버~ | 숫자 |
| noisy | 느오이스이 → 노이지 | 시끄러운 |
| lunch | 르어은취 → 런취 | 점심 |
| confúse | 크어은프유스 → 컨퓨스 | 혼란시키다 |
| nótice | 느오트이스 → 노티스 | 신경씀/알림 |
| afternoon | 애프트어~느우은 → 애프터~눈 | 오후 |
| niece* | 느이X스 → 니스 | 조카 |

* night : igh는 장모음 i 취급
* nice : ce[스] ce/ ci/ cy일 때 c는 [시] 소리
* niece: ie: [이] → P.36 참고

ENGLISH PHONICS

> **Tip**  원어민처럼 발음하는 노하우 2: **액센트 아닌 모음 발음법**
>
> <u>한 단어 안에서 같은 모음이라도 액센트가 아니면 소리가 달라집니다.</u>
> **액센트가 생명!!** 액센트가 없으면 밋밋해서 원어민이 알아듣기 어렵습니다.
>
> 많은 영어초보들의 답답한 점 중 하나가 <u>같은 a인데 어떤 때는 [애]이고 어떤 때는 [아] 또는 [어]인가</u> 하는 점입니다.
>
> 간단히 말씀 드리면 한 단어 안에 있는 모음이라도 <u>액센트이면 [아/ 애/ 이/ 오/ 유/ 우]</u>의 소리가 제대로 나지만, <u>액센트가 아니면</u> 우리가 듣기에 [어]? [이]? [으]?? 무슨 소리인지 정확히 잘 안 들리고 흐릿해진다는 점입니다(이런 것을 슈와 schwa 현상이라고 합니다).
>
> 예를 들어 바나나 – banana 또는 파자마 pajama의 경우, a가 3개씩 입니다. 그런데 두 단어의 액센트는 가운데 '나'와 '자'에 있습니다.
> 그러면 **액센트가 되는 a만** 제소리를 내서 **[애]**로 읽고 나머지 모음인 a는 같은 a라도 **[어] 비슷한 꼭 짚어 알기 힘든 소리**로 변하는 것입니다.
>
> b<u>a</u>n<u>a</u>n<u>a</u> = 브 어 느 <u>애</u> 느어 ➡ 버**내**너
> p<u>a</u>j<u>a</u>m<u>a</u> = 프 어 즈 <u>애</u> 므 어 ➡ 퍼**재**머
> <u>i</u>nd<u>i</u>an = <u>이</u> 은 드 <u>이</u> 어 은 ➡ **인**디언/안
> <u>chi</u>c<u>ke</u>n = <u>취</u> <u>이</u> 크 <u>이</u>/어 은 ➡ **취**-킨/큰/컨 : 치킨
> <u>chi</u>ldr<u>e</u>n = <u>취</u>일 드 르 어은 ➡ **췰**드런     : 어린이들
>
> ➡ 이런 이유로 보통 단어 속의 en, em, el은 액센트가 아닐 때면 [언/엄/얼] 비슷한 소리를 내며, [애] 소리는 액센트가 아니면 거의 나지 않습니다.
>
> 그럼, 모르는 단어를 읽을 때는 액센트가 어디 있는지 어떻게 아느냐고요?
> (물론 약간의 규칙 같은 것이 없지는 않지만) **평소에 액센트에 신경을 쓰면서 공부해야** 차차 어디쯤 액센트가 있을지 '감'이 생기는 것입니다.
> **꾸준한 학습. 그것만이 방법**입니다(액센트는 듣기를 통해서 익히기를 권합니다).

## 비슷해 보이지만 다른 소리들: w, wh, wr

| | | |
|---|---|---|
| **w** | 우 | 원어민의 파닉스에서는 [우어 ➡ 워]라고 하지만 우리 입장에서 적응하기 쉽도록 [우]로 표기합니다.<br>w발음은 한국인에게 은근히 까다로운 발음으로 알려져 있지만 회화 시에 문맥이 있으므로 소통에 큰 어려움은 겪지 않는 발음이기도 합니다. 입술을 얇게 펴 내밀고 입꼬리는 양 옆으로 길게 일자를 한 후 [우-] 발음합니다. |
| **wh** | 우 | h 묵음　[우] |
| **wr** | ㄹ | w 묵음　[르] |

예를들어…

> wh – 일 때는 **h소리 없음**: white [와이트]
> wr – 일 때는 **w소리 없음**: write [라이트]

# English Phonics

**비슷하지만 다른 소리들**  ( w / 우 )  ( wh / 우 )  ( wr / 르 )

**W w**  [우] 소리 입을 쭉 빼고 ~소리는 작게 '우'

| | 소리값 하나씩 쓰고 부드럽게<br>연결해서 이어 읽기 | | |
|---|---|---|---|
| wet | | 우에트 → 웰 | 젖은 |
| win | | 우이은 → 윈 | 이기다 |
| with | | 우이드 → 위드 | ~함께 |
| war | | 우어 → 워~ | 전쟁 |
| warm | | 우어음 → 웜 | 따뜻한 |
| wash | | 우어쉬 → 워쉬 | 씻다 |
| weak | | 으이크 → 위크 | 연약한 |
| week | | 우이크 → 위크 | 1주일 |
| winter | | 우이은트어~ → 윈터~ | 겨울 |
| watch | | 우어트취 → 월취 | 시계/보다 |
| wake | | 우애이크 → 웨이크 | 깨어나다 |
| wait | | 우애이트 → 웨이트 | 기다리다 |
| wonder | | 우어은드어~ → 원더~ | 궁금해하다 |
| wide | | 우아이드 → 와이드 | 넓은 |
| welcome | | 우엘크어음 → 웰컴 | 환영하다 |
| world | | 우얼드 → 월~드 | 세상 |
| wrong | | X르어응 → 렁 | 잘못된 |

## 비슷하지만 다른 소리들     w 우 / **wh 우** / wr 르

## WH  wh   [우] h소리 없음  what, when, where, why 모두 h묵음
[왙/ 웬/ 웨어~/ 와이]

소리값 하나씩 쓰고 부드럽게
연결해서 이어 읽기

| | | | |
|---|---|---|---|
| white | | 우x아이트 → 와이트 | 하얀 |
| when | | 우X에은 → 웬 | 언제 |
| which | | 우X이취 → 위취 | 어느 것 |
| while | | 우x아이을 → 와일 | ~하는 동안 |

| | | | |
|---|---|---|---|
| wheel | | 우x이을 → 월 | 바퀴 |
| whale | | 우x애이을 → 웨일 | 고래 |
| whistle* | | 우x이스x을 → 위슬 | 휘파람 |
| whisper | | 우x이스프*어*~ → 위스*퍼*~ | 속삭임 |
| whether | | 우x에드*어*~ → 웨*더*~ | ~인지 아닌지 |
| whisker | | 우x이스크*어*~ → 위스*커*~ | 동물의 수염 |
| whirl | | 우x얼 → 월 | 빙빙 휘젓다 |
| whip | | 우x이프 → 위프/ 윞 | 회초리 |
| wheat | | 우x이트 → 위트 | 밀 |

● 예외 | whole* | | x흐오울 → 호울 | 전체의 |

* whistle [위슬]: t묵음
* whole은 h묵음이 아닌 w묵음으로 [호울]로 읽는 많이 쓰이는 예외.
* wh 발음의 ㅎ소리는 점차 약해져 사라지는 추세입니다.
  white를 예를 들면 원어민들은 [화이트]보다 [와이트]에 가까운 소리를 냅니다.
  그러므로 여기서는 wh-를 h묵음으로 학습합니다.

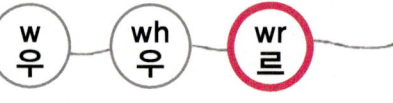

## 비슷하지만 다른 소리들

### WR wr  [르] w 소리 없음

소리값 하나씩 쓰고 부드럽게
연결해서 이어 읽기

| write  |  | x르아이트 → 라이트 | 쓰다 |
| wrong  |  | x르어응 → 렁 | 잘못된 |

| wrist   |  | x르이스트 → 리스트 | 손목 |
| wrap    |  | x르애프 → 랲 | 싸다 |
| wrench  |  | x르에은취 → 렌취 | 비틀다, 스패너 |
| wren    |  | x르에은 → 렌 | 굴뚝새 |
| wreath  |  | x르이x스 → 리스(뜨) | 화환, 화관 |

**[생활 속 영어단어] 어그부츠 사촌, 베어파우부츠**

몇 년 전부터 겨울이면 우리나라에 어그부츠 Ugg boots를 신은 여성들이 많이 보입니다.
Ugg boots는 호주의 양피신발 전문 브랜드인데, 양이 많은 나라 호주의 관광상품같은 이미지이지요. 이 어그부츠가 한두 해 유행을 하더니 작년부터 모양을 약간 바꾸고 이름도 바뀌어 시중에 출시되고 있습니다. 새로 붙인 이름은 베어파우부츠입니다.
bear paw boots 인데 곰발부츠라는 뜻이 되지요. 그런데 발음은 콩글릿시입니다.

곰은 [베어~] 맞는데 발을 뜻하는 paw는 [파우]가 아니에요.
조만간 학습하시게 되겠지만, aw는 [아우]가 아니라 [어]소리입니다.
그러므로 [베어파우]부츠가 아니라 [베어퍼]부츠입니다.
혹시나 paw를 [파우]라고 해서 원어민과 소통이 단절되는 일은 없어야겠지요? ^^
aw를 공부하기 전에 맛보기로 말씀드렸습니다.^^

## 약간의 주의가 필요한 소리들

| | | |
|---|---|---|
| **x** | 윽스 | 원어민의 파닉스에서는 [크스]라고 하지만 우리입장에서 적용하기 쉽도록 [윽스]로 발음하고 〈앞글자에 받침 ㄱ+스〉로 표기합니다. |
| | ㅈ | x가 **단어의 맨 앞에 있을 때는** z의 ㅈ소리를 냅니다. |
| **y** | 이 | w, x와 마찬가지로 원어민의 파닉스와 약간 다릅니다. 원어민 파닉스에서는 [여]처럼 발음하나 우리 언어 발성구조에서는 초보에게 적용이 어려워서 [이]로 발음합니다. 실제로 i와 소리가 같을 때가 많습니다. |

 소리값이 비슷한 알파벳 사촌들

아래 두 종류는 같다고 생각하면 초보가 배우기에는 도움이 됩니다.

| | |
|---|---|
| i = y | 엄밀히 따지면 다른 소리들이지만 영어를 배우는 한국인 초보입장에서 처음엔 같은 소리로 생각하는 것이 배우기 쉽습니다. |
| u = w | U의 소리 [어/유/우] 중에서 w는 [우] 소리를 냅니다. W는 [워]에 가까운 [우] 소리인데 초보는 흉내내기 어려우니 처음에는 [우]로 영어 읽는법 배우기를 시작합니다. |

## 주의가 필요한 소리들

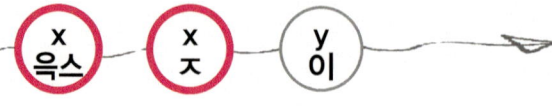

### X x  [읔스] 앞 글자의 받침 ㄱ + 스

| | 소리값 하나씩 쓰고 부드럽게 연결해서 이어 읽기 | | |
|---|---|---|---|
| box | | 브아읔스 → 박스 | 상자 |
| ax | | 애읔스 → 앸스 | 도끼 |
| foxy | | f프아읔스이 → f퐄시 | 여우 같은 |
| oxcart | | 오읔스크어트 → 옥스카~트 | 소달구지 |
| taxi | | 트애읔스이 → 택시 | 택시 |
| fix | | f프이읔스 → f픽스 | 고치다 |
| example | | 이읔스애음플 → 읶샘플 | 예 |
| éxercise | | 에읔스어~스아이즈 → 엑서~사이즈 | 운동하다 |

### • X x 단어 첫 글자이면 [ㅈ] z 처럼 혀를 끄는 ㅈ소리

| | 소리값 하나씩 쓰고 부드럽게 연결해서 이어 읽기 | | |
|---|---|---|---|
| Xanadu | | 즈애느어드우 → 즈ㅔ너두 | 이상향 세계 |
| xýlophone* | | 즈아이르오f프오은 → 자일로f폰 | 실로폰 |
| Xylitol* | | 즈아일이트올 → 자일리톨 | 자일리톨 |
| Xérox* | | 즈이르어읔스 → 지롴스 | 복사하다 |
| Xi | | 즈아이 → 자이 | 자이(브랜드명) |

> ※ X의 경우, 원어민의 파닉스에는 [크스]로 발음하도록 합니다만, 여기서는 초급영어를 배우는 단계에서 우리말식으로 적용하기 편하도록 [읔스] –앞글자 받침 ㄱ + 스– 소리로 익히고 연습합니다.

**주의가 필요한 소리들**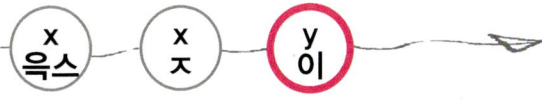

Y y    [이]  Y = i  Y와 I는 같은 소리, 같은 역할

| | 소리값 하나씩 쓰고 부드럽게<br>연결해서 이어 읽기 | | |
|---|---|---|---|
| year | | 이어~ | 연, 해 |
| yéllow | | 이엘르오우 → 옐로우 | 노랑 |
| yógurt | | 이오그어~트 → 요거~트 | 요거트 |
| yard | | 이어~드 → *여*~드 | 뒷마당 |
| st*y*le | | 스트아일 → 스타일 | 스타일 |
| s*ý*mbol | | 스이음브올 → 심볼 | 상징 |
| Yeah* | | 이에X → 예~ | 예~ |
| young* | | 이어어응 → 영 | 젊은 |

113

## Tongue Twisters: 혀가 꼬이는 발음연습

★ 별 뜻 없이 정확한 발음을 위해 비슷한 발음을 여러 번 읽는 놀이입니다.

| | |
|---|---|
| A big black bug blew big blue bubbles*. | 어 빅 블랙 버그 블루 빅 블루 버블스 |
| Many mini mice make nice merry music. | 매니 미니 마이스 매잌 나이스 메리 뮤직 |
| Five fat frogs ate five furry flies. | f퐈이v브 f퍳 f프로그스 애잍 f퐈이v브 f풔리 f플라이스. |
| Six ships send signals. | 씩스 쉽스 쌘드 씨그널스. |
| In a muggy marsh muskrats munch at midnight. | 인어 머기 마~쉬 머스크랫츠 먼춰 앹 미드나잍 |

> 어느 크고 검은 벌레가 큰 파란 풍선을 불어요./ 많은 미니 쥐들이 멋지고 즐거운 음악을 만들어요./ 다섯 마리 뚱뚱한 개구리들이 다섯 마리의 털파리를 먹어요./ 배 여섯 척이 신호를 보내요./ 후덥지근한 습지에서 사향쥐들이 깊은 밤에 사각거려요

| | |
|---|---|
| A flea and a fly in a flue said* the fly | 어 f플리 앤드 어 f플라이 인어 f플루 쌔드 더 f플라이 |
| "Oh What should we do" | "오, 왙 슏 위 두" |
| Said the flea "Let us fly" | 쌔드더(쌔-더) f플리 "렡 어스 f플라이" |
| Said the fly "Let us flee" | 쌔-더(쌔드더) f플라이 "렡 어스 f플리-" |
| So they flew through a flaw in the flue | 쏘 데이 f플루 뜨루 어 f플러 인더 f플루 |

> 연통 안의 어느 벼룩과 파리 한 마리가 그 파리에게 말했어요./ 오, 우리 어떻게 하지/ '우리 날자'라고 벼룩이 말했어요. / '우리 도망가자' 파리가 말했어요./ 그래서 그들은 연통 안의 틈으로 도망을 갔지요.

장모음을 제외한 다른 규칙들에는 밑줄을 그었습니다. 무슨 규칙인지 확인하며 연습해보세요.
* 표시 단어들은 파닉스 규칙이 아닌 예외들입니다. 책 뒷편의 [왕초보 시작 도우미]에서 예외읽기와 복수형 읽는 법을 참고하시기 바랍니다.

## ◎ 비슷해 보이지만 다른 소리들: 헷갈리는 하들- igh, ugh

    igh, ugh는 단어 안에 있을 때 글자수가 늘어나므로 초보에게는 어려워 보입니다. 그러나 차분히 igh나 ugh를 골라내기만 하면 읽기가 아주 쉬워집니다.

| | | |
|---|---|---|
| **igh** | [아이] | 단어 안에 igh가 보이면 i의 장모음 [아이]로 읽습니다. igh의 읽는 법 두 가지 중 [아이]로 읽는 것을 1순위로 알아두고 모음+igh 규칙을 참고로 알아둡니다. |
| **(모음)<br>+igh** | (모음)+이 | 그런데 igh 앞에 또 다른 모음이 있으면 이번에는 gh를 버리고 gh 버리고 (모음) + i만 단모음으로 읽습니다. |
| **ugh** | 묵음 | 과거형 동사 안의 ugh는 소리가 없음을 1순위로 알아둡시다.<br>자주 사용되는 단어들이므로 자주 만나게 되어 처음에 한두 번만 꼼꼼히 읽어두면 비슷비슷하게 생긴 그 단어들을 구별하고 읽기가 쉬워집니다. |
| | f소리 | ugh가 엉뚱하게 f 소리를 내는 단어들이 있습니다. 영어초보에게는 어렵지만 원어민들의 생활 속에서 많이 사용되는 단어들이니 따로 익혀둬야 합니다. |

    영어초보들을 본격적으로 절망에 빠뜨리는 단어들이 바로 ugh의 과거형 동사들이 교과서에 등장하면서부터 입니다. 많이 사용되는 ugh를 따로 익혀두면 많은 도움이 됩니다.

## IGH igh  장모음 i 취급 [아이]

| 단어 | | 발음 | 뜻 |
|---|---|---|---|
| high | | 흐아이 → 하이 | 높은 |
| night | | 느아이트 → 나이트 | 밤 |
| light | | 르아이트 → 라이트 | 빛, 불빛 |
| right | | 르아이트 → 롸이트 | 옳은 |
| bright | | 브르아이트 → 브라이트 | 밝은 |
| tight | | 트아이트 → 타이트 | 꼭끼는 |
| sigh | | 스아이 → 싸이 | 한숨쉬다 |
| sight | | 스아이트 → 싸이트 | 시야/광경 |
| flight | | f플라이트 | 비행, 항공편 |
| delight | | 드이을라이트 → 딜라이트 | 기쁨 |
| fright | | f프르아이트 → f프라이트 | 놀람, 두려움 |
| might | | 므아이트 → 마이트 | ..할지도 모른다 |
| mighty | | 므아이트이 → 마이티 | 강력한, 대단한 |
| thigh | | 뜨아이 → 따이 | 허벅지 |
| sligh | | 스을아이 → 슬라이 | 철거하다 |

*th발음 혀끝위치 주의 발음, 발음법 P.67, 71 참고

### 비슷하지만 다른 소리들

모음 + **igh** = gh 묵음, 단모음으로 읽기

| | 소리값 하나씩 쓰고 부드럽게<br>연결해서 이어 읽기 | | |
|---|---|---|---|
| eight | | 에이x트 | 8 |
| straight | | 스트르애이x트 → 스트레이트 | 똑바로 |
| aight | | 에이x트 | OK, Fine의 신조어 |
| inveigh | | 인v베이 | 비난하다 |
| neigh | | 느에이 → 네이 | (말이 히힝~)울다 |
| neighbor | | 느에이x브어~ → 네이버 | 이웃 |
| weight | | 우에이x트 → 웨이트 | 무게 |
| sleigh | | 슬레이x | 썰매 |
| aweigh | | 어우에이x → 어웨이 | 올림 닻으로 |

**Quiz**

azure와 Amazon의 발음에서 a는 [애] 또는 [아/어]의 소리를 냅니다. 무슨 차이가 있을까요?

잘 모르면 Back to Page 106.

비슷하지만 다른 소리들　igh 아이　igh 이　ugh 묵음　ugh fㅍ

## 묵음의 ugh = 대부분 묵음

영어초보들을 본격적으로 절망에 빠뜨리는 단어들이 바로 아래 ugh의 과거형 동사들이 교과서에 등장하면서부터 입니다. 많이 사용되는 아래의 ugh를 따로 익혀두면 많은 도움이 됩니다.

소리값 하나씩 쓰고 부드럽게
연결해서 이어 읽기

| | | |
|---|---|---|
| ta<u>ugh</u>t | 트어X트 → 터트 | 가르쳤다 |
| bro<u>ugh</u>t | 브로O X트 → 브로트 | 가져왔다 |
| bo<u>ugh</u>t | 브오X트 → 보트 | 샀다 |
| tho<u>ugh</u>t | 쓰오X트 → 쏟트 | 생각했다 |
| thro<u>ugh</u>* | 쓰르우X | ~을 통하여 |
| do<u>ugh</u> | 드오우xx → 도우 | 반죽 |
| H<u>ugh</u>* | 휴 | 남자이름 |

\* through: [뜨로]가 아닌, [뜨루]로 읽는 많이 사용되는 예외.
\* Hugh: u를 장모음으로 읽어주는 예외. 흔한 이름 줄 하나.

비슷하지만 다른 소리들 — igh 아이 / igh 이 / ugh 묵음 / **ugh f ㅍ**

## f와 같은 ugh 자주 사용되는 기본단어이므로 무조건 외우기!

| | 소리값 하나씩 쓰고 부드럽게<br>연결해서 이어 읽기 | | |
|---|---|---|---|
| en**ó**ugh | | 이너X프 → 이너f프 / 이나f프 | 충분한 |
| la<u>ugh</u> | | 르애X프 → 래f프 | 웃다 |
| to<u>ugh</u> | | 트어f프 / 트아f프 | 힘든, 억센 |
| co<u>ugh</u> | | 크어f프 → 커f프 / 코f프 | 기침 |
| rough | | *르애*f프 → 뤄f프 | 거친, 대충 |
| draught | | 드르애f프트<br>→ 드래f프트 / 드라f프 | 통에서 따른, 무거운<br>물건을 끄는 |

이렇게 소리는 나지 않는데 스펠링만 존재하는 단어들 중에는 묵음의 스펠링은 **빼고** 소리 나는 대로만으로도 사용되는 경우도 있습니다.

예를 들어 위의 draught는 소리 나는 대로 draft로도 사용되고, dialogue 다이얼로그(대화), epilogue 에필로그(후기) 같은 단어들의 경우 dialog, epilog로도 사용됩니다. 영국식 미국식 또는 세대 차이에서 등에서 그 차이가 오는데 현대 모든 언어는 단순화되는 경향이 있습니다. 영어를 공부하는 입장에서는 스펠링이 약간 달라지는 이런 차이는 그때그때 익혀두어야겠습니다.

### [에피소드] - 액센트의 효과

**원어민에게 '오빤 강남 스타일~'이 '오픈 콘돔 스타일~'로 들리는 이유**

싸이의 '오빤 강남 스타일'이 원어민에게는 '오픈콘돔 스타일'로 들린다는 사실이 화제가 되었었습니다. 바로 앞에서 설명한 저의 액센트 굴욕사건과 같은 맥락입니다.
원어민들은 억양을 중심으로 듣는 습관이 있어서 자세히 듣지 않습니다.

'오빤'에서 첫소리는 O, '빤'의 'ㅃ'는 된소리라 원어민의 귀에서 B보다는 P에 더 가깝게 들리며 끝소리가 N이므로 전체적으로 가장 많이 쓰이는 단어들 중에서 친숙한 단어인 Open으로 들릴 수 있습니다.

'강남'의 첫소리는 K, 끝소리는 M로 콘돔과 같은 첫소리와 끝소리를 가지고 있습니다. 물론 '강남'이 '콘돔'으로 들리기에는 무리가 있지만 비디오에서 받은 섹슈얼한 이미지가 첫소리와 끝소리가 같은 '콘돔'이라는 단어를 떠올리게 합니다. 이렇게 들리게 하는데 가장 결정적인 이유는 싸이의 노래 안에 액센트가 들어간 점입니다. 그냥 밋밋하게 '오빤 강남 스타일'이라고 하지 않고 '**오**빤 **캉**남 스따~일~'이라고 노래한 것이 영어에서의 '**오**픈 open', '**컨**덤 condom'의 액센트와 같았던 것입니다.

액센트를 제대로 하면 문장에 억양이 생겨서 주의발음을 제외한 다른 발음이 다소 불분명해도 소통에 지장이 없습니다만, 아무리 정확히 해도 우리식으로 억양없이 발음하면 원어민 귀에는 밋밋해서 잘 들리지 않는다는 점을 꼭 기억해주세요. 평소에 액센트를 넣어서 읽어버릇 하는 것이 중요합니다.

## 이중 모음 au, aw, eu, ew

au, aw, eu, ew 같은 이중모음은 모음이 2개 나란히 있으므로 장모음이어야 하지만 이 조합들은 모음 두 개가 합쳐져 하나의 소리를 내는 약간 다른 형태이므로 따로 알아두어야 합니다.

두 개 이상의 알파벳이 하나의 소리를 낼 때는 그것이 무엇이든 소리는 장모음처럼 살짝 길게 발음됩니다.

| au / aw | (입 크게) 어 | [오]를 닮은 [어] 소리라고 할 수 있습니다. 우리 입장에서는 **입을 크게 벌리고** [어]를 하면 됩니다. [아] [오] [어]의 소리는 입을 크게 벌리면 별로 차이가 없으며, 원어민마다 약간씩 발음이 달라서 [어]로도 들리고 [오]로도 들리곤 합니다. 그러므로 단어의 액센트만 잘 지키면 개인마다 약간씩 다른 미세한 발음차이는 너무 걱정하지 않아도 됩니다. |
|---|---|---|
| eu / ew | (U 장모음) 유/우 | eu와 ew의 e를 장모음으로 읽으면 **[이유/ 이우 ➡ 유]** 이렇게 외워서 바로 위의 au/aw와 혼동하는 일이 없기를 바랍니다. |

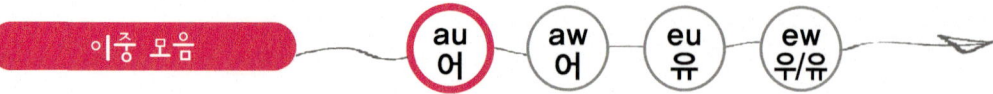

## AU au  [어] 소리 — [오] 닮은 [어] 소리

소리값 하나씩 쓰고 부드럽게
연결해서 이어 읽기

| 단어 | | 발음 | 뜻 |
|---|---|---|---|
| auto | | 어트오우 → 어토우 | 자동 |
| be**c**áuse | | 브이크어스 → 비커즈 | 왜냐하면 |
| Audrey | | 어드르이 → 어드리 | 오드리 |
| áuc**ti**on | | 어크션 → 억션 | 경매 |
| áutumn | | 어트어음x → 어텀 | 가을 |
| aura* | | 어르어 → 어*러* | 氣, 기운 |
| Austrália | | 어스트르**앨**이아 → 오스트**랠**리아 | 호주 |
| auth**ó**rity | | 어스어르이트이 → 어**서**리티 | 권위, 권력 |
| aur**ó**ra | | 어르오르아 → 어로라 | 오로라 |
| Paul | | 프얼 → 펄/폴 | 폴(이름) |
| pause | | 프어즈 → 퍼즈 | 중지, 중단 |
| paúper | | 프어프*어*~ → 퍼퍼~ | 극빈자 |
| sauce | | 스어스 → 서스 | 소스 |
| saucer | | 스어스어~ → 서*서*~ | 받침접시 |
| naúghty* | | 느어X트이 → 너티 | 개구장이의 |
| daúghter* | | 드어X트어~ → 더*터*~ | 딸 |
| fa<u>ugh</u>* | | f프어X → f퍼 | 흥! 쳇! |
| fault | | f프얼트 → f펄트 | 잘못, 결함 |
| áudience | | 어드이어은스 → 어디언스 | 청중 |
| cause | | 크어즈 → 커즈 | 원인 |
| fáu**c**et | | f프어스이트 → f퍼싵 | 수도꼭지 |
| gauze | | 그어즈 → 거즈 | 거즈 |
| launch | | 르어은취 → 런취 | 출시하다 |
| la<u>ugh</u>* | | 르애f프 → 래f프 | (소리내)웃다 |

\* ugh는 묵음이거나 f소리인 거 기억하시죠? laugh는 많이 쓰는 예외이니 꼭 외우기

\* 요즘 '아우라'라는 말 많이 쓰지요? 그런데 발음이 콩글릿시에요.
　[아우라가 아니라 [어-라] 또는 [어-레]입니다.^^

122

## 이중 모음

( au 어 ) **( aw 어 )** ( eu 유 ) ( ew 우/유 )

## AW  aw    [어] 소리 — [오] 닮은 [어] 소리

소리값 하나씩 쓰고 부드럽게
연결해서 이어 읽기

| | | |
|---|---|---|
| law | 르어 = 러 | 법 |
| saw | 스어 = 써 | 톱/see의 과거 |

| | | |
|---|---|---|
| bawd | 브어드 = 버드 / 바드 | 여자포주/뚜쟁이 |
| caw | 크어 = 커 | 까악 (까마귀 울음소리) |
| dawn | 드어은 = 던 | 새벽, 여명, 동틀 무렵 |
| fawn | f프어은 = f펀 | 옅은 황갈색의/새끼 사슴 |
| hawker | 흐어크*어*~~ = 허*커*~ | 행상인 |
| jaw | 즈어 = 저 | 턱 |
| paw | 프어 = 퍼 | (개나 고양이 같은)동물의 발 |
| raw | 르어 = *러* | 날것의, 익히지 않은 |
| yawn | 이어은 = 연/얀 | 하품하다 |

### ◦ aw + a- [어우애-]

| | | |
|---|---|---|
| away | 어우애이 = 어웨이 | (멀리) 떨어진 |
| await | 어우애이트 = 어웨이트 | 기다리다 |
| awake | 어우애이크 = 어웨이크 | 깨어있는 |
| aware | 어우애어~ = 어웨어~ | 의식하고 있는 |

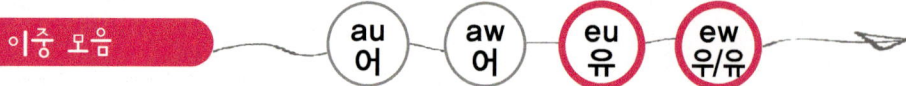

## EU eu [유] 소리

소리값 하나씩 쓰고 부드럽게
연결해서 이어 읽기

| Europe | 이유르오우프x = 유럽 | 유럽 |
| pseudo* | x스유드오 = 슈도/수-도 | 가짜의, 허위의 |
| euthanásia | 유스어느애이스이어 = 유서내이시어 | 안락사 |
| eunuch* | 유느어크x = 유넉 | 내시, 환관 |
| adieu | 어드이유 = 어듀/아듀 | 작별(인사), 안녕 |

*ps - p묵음   *ch - h묵음

## EW ew [우] [유] 소리

소리값 하나씩 쓰고 부드럽게
연결해서 이어 읽기

| few | f프유 = f퓨 | 많지 않은 |
| view | v브이우 = v뷰 | 견해, 관점, 시야, 경관 |
| chew | 취우 = 츄- | 씹다 |
| hew | 흐유 = 휴- | 토막 내다 |
| gew gaw | 그유 그어 = 규-거 | 겉만 번지르르한 |
| Cashew | 크애쉬우 = 캐슈 | 캐슈넛 |
| Lewis | 르우이스 = 루이스 | 루이스(흔한 이름) |
| jew | 즈우 = 쥬- | 유대인 |
| skew | 스크우 = 스큐- | 왜곡하다, 비스듬히 움직이다 |
| beef stew | 브이f프 스트우 = 비f프스튜 | 비프스튜 (일종의 찌개) |
| brewer | 브르우어~ = 브루어~ | 맥주양조업자 |

예외   sew*   스어우 = 서우(소우)   바느질하다

## 이중 자음 ng과 묵음조합 mb

자세한 설명이 필요없는 많이 사용되는 조합들입니다.
초급 단어에 많이 나오는 것들이라 낯설지 않은 단어들이 많을 것입니다.
차분히 소리 내어 읽으면서 연습해보세요.

| ng | (받침ㅇ) [응] | ■ 단어 맨 끝에 있으면 [응] ← 초급영어의 대부분. |
|---|---|---|
| | [응그] | ■ 단어 중간에 ng+자음 = [응그] ← 여기서 [그] 소리는 아주 미세하게 작은 소리로 하세요. |
| | [은직] | ■ nge =ng 다음에 e가 오면 [응] 소리가 아닌 [은직] 소리가 납니다. 앞의 ng와 혼동하지 마세요. |
| mb | b묵음 [ㅁ] | 단어 끝의 mb: - b 묵음 |

## 이중 자음과 묵음조합  ng/응    mb/ㅁ

**[응]** 단어 맨 끝에 있으면 ← 초급영어의 대부분

**[응그]** ng+자음 = ng 다음에 자음이 올 때 연음현상으로 아주 미세한 [그] 소리가 끝에 붙습니다.

소리값 하나씩 쓰고 부드럽게 연결해서 이어 읽기

| 단어 | | 발음 | 뜻 |
|---|---|---|---|
| king | | 크이응 → 킹 | 왕 |
| long | | 르오응 → 롱 | 긴 |
| swing | | 스우이응 → 스윙 | 그네 |
| strong | | 스트로응 → 스트롱 | 강한 |
| bring | | 브르이응 → 브링 | 가져오다 |
| thing | | 뜨이응 → 띵 | ~것, 사물 |
| along | | 얼르오응 → 얼렁 | ~따라서 |
| morning | | 므어~느이응 → 모~닝 | 아침/오전 |
| spring | | 스프르이응 → 스프링 | 봄 |
| angry | | 애응그르이 → 앵그리 | 화난 |
| hungry | | 흐어응그르이 → 헝그리 | 배고픈 |
| English | | 이응그을르이쉬 → 잉글리쉬 | 영어 |
| length | | 르에응뜨 → 랭뜨 | 길이 |
| finger | | f프이응그어~ → f핑거~ | 손가락 |
| angle | | 애응그을x → 앵글 | 각도 |

## ng규칙과 다른 것들 — nge

- ng의 [응] 소리 나지 않고 원래대로 읽기
  아래의 단어들은 많이 사용되는 ng가 포함된 단어들입니다.
- ange가 포함된 아래의 단어들은 a가 바로 다음 모음과의 거리가 멀지만 장모음으로 읽히는 점을 공통으로 익혀두면 편리하겠습니다.
- -ger로 끝나는 단어들에서도 ng의 [응] 소리는 나지 않는데 이것은 파닉스규칙과 달리 단어의 특성에서 오는 것이라 맨 끝의 -**ger** [-**저**~]에 초점을 맞춰 읽어야 합니다.

| danger | | 드애은즈어~ → 대인저~ | 위험 |
| strange | | 스트르애이은즤~ → 스트래인즤~ | 낯선 |
| change | | 취애이은쥐 → 췌인쥐 | 바꾸다 |
| angel | | 애이은즈얼 → 에인절 | 천사 |
| ginger | | 즈이은즈어~ → 진저~ | 생강 |
| passenger | | 프애쓰은즈어~ → 패쎈저~ | 승객 |
| messenger | | 므애쓰은즈어~ → 메쎈저~ | 메신저 |
| challenge | | 취엘른즤~ → 췔린즤 | 도전 |

### Quiz

★ 장모음이란?

★ chicken, problem, cancel이 [취켄/프로블렘/켄셀]이 아닌 [취큰/프라블럼/켄슬] 이라고 발음하는 이유는?

★ ge, gi일 때 g의 소리가 ㄱ소리가 아닌 ㅈ소리가 나는 이유는?

## 이중 자음과 묵음조합

한 단어가 **–mb**로 끝날 때 b는 묵음

|  | 소리값 하나씩 쓰고 부드럽게<br>연결해서 이어 읽기 |  |
|---|---|---|
| climb | 크르아이음 x → 클라임 | 기어오르다 |
| comb | 크어음 x → 컴 | 빗 |
| thumb | **뜨어음 x → 떰/썸** | 엄지손가락 |
| bomb | 브어음 x → 범 | 폭탄 |
| lamb | 르애음 → 램 | 새끼 양 |
| crumb | 크르어음 x스 → 크럼 | 빵 부스러기 |
| womb | 움- | 자궁 |
| numb | 느어음- → 넘- | 무감각한 |
| chimb* | 취아이음 → 촤임 | 차임 |
| coxcomb | 크아윽스크아음 → 칵스캄/컥스컴 | 멋쟁이 |
| hecatomb | 흐에크애트어음 → 해카텀/해커톰 | 다수의 희생 |

\* chimb: i를 장모음으로 읽음 → P.139에서 자세히...

## 비슷해 보이지만 다른 소리들: gn, gu

영어초보들을 헷갈리게 하는 묶음들 중 하나입니다.
gn과 gu는 시각적으로 비슷해서 혼동되니 꼼꼼히 보는 습관이 필요하겠습니다.

| | | |
|---|---|---|
| **gn** | g묶음 [느] | g 소리없는 ㄴ(니은)소리 |
| **gu** | u묶음 [그] | u소리가 나지 않는 경우와 u소리가 나는 경우를 연습합니다. 자주 만나는 단어에서는 u를 읽는 경우가 오히려 드뭅니다. 그때그때 외워두는 것이 낫겠습니다. |
| | u읽음 | |

비슷하지만 다른 소리들

## GN gn  [ㄴ] g소리 없음: ㄴ(니은)소리

소리값 하나씩 쓰고 부드럽게
연결해서 이어 읽기

| 단어 | 발음 | 뜻 |
|---|---|---|
| sign* | 스아이 x은 → 싸인 | 한숨쉬다 |
| desígn* | 드이스아이x은 → 디자인 | 디자인 |
| campáign | 크애음스애이 x은 → 캠패인 | 캠페인 |
| gnu | X 느우 → 누 | 누우(아프리카동물) |
| gnome | x느오우음 → 노움 | 작은 요정, 도깨비 |
| gnash | x느애쉬 → 내쉬 | 이를 갈다 |
| gnat | x느애트 → 낼 | 모기 |
| align | 얼르아이x은 → 얼라인 | 정렬하다 |
| gnaw | x느어 → 너– | 쏠다/ 갉다 |
| gnome | x느오우음 → 노움 | 천문측정기 |

* desígn: 모음 둘 다 장모음된 경우
* sign: i 장모음으로 읽음. P.139에서 자세히...

비슷하지만 다른 소리들

## GU gu  [ㄱ] u소리 없음

소리값 하나씩 쓰고 부드럽게
연결해서 이어 읽기

| | | | |
|---|---|---|---|
| guess | | 그에스 → 게스 | 추측하다 |
| guide | | 그아이드 → 가이드 | 안내, 지도 |
| guest | | 그에스트 → 게스트 | 손님 |
| guard | | 그어~드 → 가~드 | 경비, 수비 |
| guilt | | 그일트 → 길트 | 죄책감 |
| guarantee | | 그애르어은트이 → 개런티 | 굳은 약속, 보장 |
| beguile | | 브이그아일 → 비가일 | 구슬리다 |
| epilogue | | 에프이르오그 → 에필로그 | 에필로그, 후기 |
| fatígue | | f프어트이그 → f퍼티그 | 피로 |

## GU gu  묵음없이 그대로 읽기(gu는 u묵음이 더 많습니다)

소리값 하나씩 쓰고 부드럽게
연결해서 이어 읽기

| | | | |
|---|---|---|---|
| árgue | | 어~그유 → 어~규/아~규 | 언쟁하다 |
| figure | | f프이그유어~ → f피규어~ | 생김새, (숫자)수치 |
| gulf | | 그얼f프 → 걸f프 | (바다의) 만 |

팝송으로 영어읽기를 연습해 볼까요?

# What a wonderful world
### 이 얼마나 아름다운 세상 인가요~

– Louis Armstrong 루이 암스트롱

1. I see trees of green, red roses too
   녹색의 나무들, 빨간 장미들이 보여요
2. I see them bloom, for me and you
   당신과 나를 위해 핀 것 같아요
3. And I think to myself
   그리고 혼자 생각하죠
4. What a wonderful world
   정말 아름다운 세상이라고...

5. I see skies of blue, and clouds of white
   파란 하늘과 흰 구름이 보여요
6. The bright blessed day, dark say good night
   빛은 낮을 축복하고 어둠에겐 이별을 고하죠
7. And I think to myself
   그리고 혼자 생각해요
8. What a wonderful world
   정말 아름다운 세상이라고...

9. The colors of the rainbow,
   너무나 아름다운 하늘의 무지개색은
10. so pretty in the sky

11. Are also on the faces, of people going by
    지나가는 사람들의 얼굴에도 비치고 있어요
12. I see friends shaking hands,
    친구들은 악수하면서
13. saying, "How do you do?"
    잘 지내냐고 말하네요
14. They're really saying, "I love you"
    사실 그들은 "난 널 사랑해" 라고 이야기하는 거죠
15. I hear babies crying, I watch them grow
    아기들 우는 소리가 들리고, 난 그들이 자라는 걸 지켜봐요
16. They'll learn much more, than I'll ever know
    그들은 내가 아는 것 보다 훨씬 더 많이 배우게 될 거에요
17. And I think to myself 그리고 난 혼자 생각하죠
18. What a wonderful world 정말 아름다운 세상이라고...
19. Yes, I think to myself 그래요, 혼자 생각하죠
20. What a wonderful world, oh yeah
    정말 아름다운 세상이라고...

※ 소리를 보지 않고 먼저 스스로 소리를 읽어보세요. 굵은 글씨는 장모음, 밑줄은 모음 또는 자음은 합성어입니다.

1. 아이 씨 트리스 엎 그린, 레드 로우지즈 투
2. 아이 씨 뎀 블룸, 포 미앤유
3. 앤 아이 씽(띵)ㅋ 투 마이셀fㅍ
4. 왓어 원더~f풀 월드
   wh(우), igh(아이), th(혀끝을 입밖에 내밀기)
5. 아이씨 스카이즈 엎 블루, 앤 클라우즈 엎 와잍
6. 더 브라읻 블레스드 데이, 더~ㅋ 세이 굳 나읻
7. 앤 아이 씽ㅋ 투 마이셀fㅍ
8. 왓어 원더~f풀 월드
   ar/ er/ ir/ or/ ur (어~)

9. 더 컬러스 엎더 뤠인보우,
10. 쏘 프리티 인더 스카이
11. 아~ 올소 온더 f페이시스 엎 피플 고잉 바이
12. 아이씨 프렌즈 쉐이킹 핸즈,
13. 세잉 하우 두 유 두
14. 데이아 륄리 새잉, 아이럽 유
15. 아이히얼 베이비스 크라잉, 아이 워취뎀 그로우
    kn-k묵음, ch(취), re(어~)
16. 데이윌 런 머취 모얼 댄 아윌 에버~ 노우
17. 앤 아이 씽ㅋ 투 마이셀fㅍ
18. 왓어 원더~f풀 월드
19. 예스, 아이띵ㅋ 투 마이셀fㅍ
20. 왓어 원더~f풀 월드, 오 예~

○ 변하는 t소리: ㅌ 아닌 ㅅ, ㅊ으로 소리 나는 경우

여기에서는 t가 [ㅌ] 소리가 아닌 [ㅅ]과 [ㅊ]의 소리인 경우를 연습합니다.

## t = [ㅅ] 또는 [ㅊ]

t가 다른 글자들과 연음될 때 혀의 위치변화 때문에 소리가 끌려서 원래 자기소리인 [ㅌ] 소리를 내지 않고 [ㅊ] 또는 [ㅅ] 소리로 변하는 경우가 있습니다. 여기서는 많이 사용되는 경우를 모았습니다. 우리말 구조와 달라서 이해가 쉽지 않으니 잘 익혀둬야겠습니다.
이런 말꼬리들이 단어의 끝부분에 있는 경우에는 강세가 없이 약하게 발음합니다.

- -tion   = [시언 ➡ 션]
- -tious  = [시어스 ➡ 셔스]
- -stion  = [스쳔]
- -tr-    = [츠르]
- -ture   = [츄어~ ➡ 춰~]

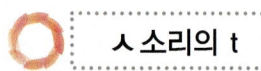

-tion = [시언 ➡ 션]
-tious = [시어스 ➡ 셔스]

- -tion = [시언 ➡ 션] 단어 끝에 명사를 만드는 역할을 하는 말꼬리
- -tious = [시어스 ➡ 셔스] 단어 끝에서 '―의 특징이 있는'의 의미를 지닌 형용사를 만들어 주는 말꼬리

지금까지 배운 규칙들이 꽤 많이 포함됩니다. 밑줄로 힌트를 준 단어도 있고, 장모음이 아닌데 장모음으로 읽거나, 장모음인데 장모음으로 읽지 않는 예외 경우는 굵은 글씨로 표시했으니 차분히 읽어보시기 바랍니다.

| station | | 스테이션 | 역 |
|---|---|---|---|
| action | | 액션 | 행동 |
| condition | | 컨디션 | 조건 |
| inf**o**rmation | | 인f풔메이션 | 정보 |
| nation | | 내이션 | 나라 |
| section | | 쎅션 | 부분 |
| diction**a**ry | | 딕셔너리 | 사전 |
| direction | | 디렉션 | 방향 |
| optional | | 옵셔널 | 선택적인 |
| addition | | 애디션 | 추가 |
| position | | 포지션 | 위치, 지위 |
| education | | 에듀(쥬)케이션 | 교육 |
| solution | | 쏠루션 | 해답 |
| c**a**utious | | 커-셔스 | 신중한 |
| ambitious | | 앰비셔스 | 야심찬 |
| n**u**tritious | | 뉴트리셔스 | 영양이 풍부한 |
| dalmatian | | 달메이션 / 덜매이션 | 달마시안 |

## ㅊ 소리의 t

**–stion = [스쳔]**

바로 앞에서 익힌 –tion의 앞에 s가 오면 [션]이 아닌 [쳔]의 발음이 납니다. 발음기호상으로는 [쳔]으로 기록되어 있으나 실제 원어민들의 발음은 [션]인지 [쳔]인지 분명하지 않게 사용되기도 하므로 듣기를 할 때 참고하세요.

| question | | 퀘스쳔 | 질문 |
|---|---|---|---|
| suggestion | | 써제스쳔 | 제안 |
| digestion | | 다이제스쳔 | 소화 |
| ingestion | | 인제스쳔 | 섭취 |
| exhaustion* | | 익-즈어서스쳔 | 탈진, 소진 |
| congestion | | 컨제스쳔 | 혼잡 |

* exhaustion: h묵음 [이욱스어스쳔 ➡ 익서스쳔 X 익져스쳔 O]: '익서스쳔'이 아닌 '익져스쳔'이 되는 이유는 x의 ㅅ소리 양쪽에 모음이 있기 때문입니다. s는 아니지만 ㅅ소리가 나므로 P.94 참고.

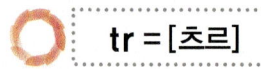

크리스마스트리를 떠올려 봅시다. 우리는 그 나무를 크리스마스 '트리'라고도 하고 크리스마스 '츄리'라고도 합니다. 이처럼 tr 발음은 [트리]도 맞고 [츠리]도 맞습니다. 발음기호는 [트리]로 되어 있지만 많은 원어민들이 [튜리]로 발음하고 있습니다.

그러나 영어초보의 경우는 영어실력이 중급 이상 향상되기 전에는 원래대로 [트리]로 발음하기를 권합니다. 원어민과 우리의 발음방식이 다르기 때문에 같은 [츠리]라도 우리가 하는 발음을 원어민이 알아듣기 어려울 수도 있기 때문입니다. 기본에서 벗어나는 발음들은 영어실력 자체가 향상되면서 자연스럽게 익히는 것이 좋겠습니다. 그러나 읽는 법을 배우는 과정에서 이러한 변형적 발음 읽기를 연습해두면 듣기를 공부할 때 많은 도움이 될 것입니다.

**tr = [츠르]** 혀를 입천장에 살짝 대고 바람을 내며 혀를 끌어 가볍게 발음

| | 기본 정석 발음 | 많이 사용되는 변형발음 | 뜻 |
|---|---|---|---|
| tree | 트리 | 츄리 | 나무 |
| train | 트래인 | 츄뤠인 | 기차 |
| truck | 트럭 | 츄러 | 트럭 |
| track | 트랙 | 츄랙 | 궤도 |
| true | 트루 | 츄루- | 질실 |
| try | 트라이 | 츄라이 | 시도하다 |
| travel | 트래v블 | 츄래v블 | 여행 |
| triangle | 트라이앵글 | 츄라이앵글 | 삼각형 |
| trade | 트래이드 | 츄래이드 | 거래 |
| entry | 엔트리 | 엔츄리 | 들어감 |
| control | 컨트롤 | 컨츄롤 | 통제 |
| string | 스트링 | 스츄링 | 줄 |
| strong | 스트롱 | 스츠룽 | 강한 |
| street | 스트릿트/스트맅- | 스츄륏트/스츄맅- | 거리 |

## -ture [츄어 ➡ 춰-]

-tu[튜]는 혀가 입천장에 닿은 과정에서 부드럽게 닿으면 바람이 나가면서 [츄] 비슷한 소리를 내기도 합니다. 특히 -ture는 [츄어 ➡ 춰-]로 발음되고 있습니다.

지금까지 배운 규칙들이 꽤 많이 포함됩니다. 밑줄로 힌트를 준 단어도 있고, 장모음이 아닌데 장모음으로 읽거나, 장모음인데 장모음으로 읽지 않는 예외경우는 굵은 글씨로 표시했으니 차분히 소리 내어 읽어 보시기 바랍니다.

| | | | |
|---|---|---|---|
| tube | | 튜-브/츄-브 | 튜브, 관 |
| future | | f퓨-춰~ | 미래 |
| nature | | 내이춰~ | 자연 |
| picture | | 픽춰~ | 그림 |
| structure | | 스트럭춰~ | 구조 |
| capture | | 캡춰~ | 잡다, 포착 |
| gesture | | 제스춰~ | 몸동작 |
| lecture | | 렉춰~ | 강의 |
| posture | | 포스춰~ | 자세 |
| culture | | 컬춰~ | 문화 |
| adventure | | 어드v벤춰~ | 모험 |
| century | | 센튜리 | 100년, 세기 |
| temperature | | 템퍼러춰~ | 온도 |
| architecture | | 어~키텍춰~ | 건축 |

> **FAQ**   세련되게 발음하는 요령 - 모음읽기가 포인트!

> **질문**: 같은 모음이라도 다른 소리를 내는 경우가 많이 보입니다. 예를 들어 problem 을 저는 [프로블렘]으로 읽었는데 원어민은 [프로블럼]으로 읽으니 대화는 되지만 제가 왠지 틀리고 촌스러운 느낌이 드네요. 무슨 요령이 있나요?

제가 틈틈이 강조하는 점이 액센트 지키기입니다. 중국어만큼은 아니지만 영어는 우리말보다는 확실히 강약과 리듬감이 소통에 중요한 역할을 합니다.

단어 안에는 반드시 모음이 있지요? 그것도 여러 개 있는 경우가 많습니다.
모음 a, e, i, o, u와 반모음 w, y ← 이것들의 원래소리는 '아, 에, 이, 오, 우'의 소리를 냅니다.
그런데 한 단어 안에 여러 개의 모음이 있는 경우는 액센트가 있는 모음 하나만 제대로 발음하고, 나머지 모음은 어영부영 원래의 소리가 기죽어서 '어' 비슷한 소리가 되어버린답니다.

<u>액센트 부분만 쎄게 읽어 주고, 나머지 모음은 *흐지/부지/~* 죽이기!</u>

--- 요롷게 읽으면 발음이 완전 세련되어 진답니다~   ㅋ^^

그리고 모음이 여러 개인 단어 안에 장모음으로 읽을거리가 여러 개 있어도 모두 장모음으로 읽지는 않습니다. 액센트를 기준으로 한두 개 정도 읽습니다. 예를 들면,
Organization: 장모음으로 읽을 수 있는 모음이 여러 개 있지만
액센트가 있는 a를 기준으로 [오~거니재이션] 또는 [오~거나이재이션]으로 읽습니다.

## 모음 1단음 = 장모음

한 단어 안에 모음이 한 개만 있는 경우에 장모음으로 읽을 때가 많습니다.
많이 사용되는 초급단어라 자주 만나게 되므로 익히기도 쉽습니다.

소리값 하나씩 쓰고 부드럽게 연결해서 이어 읽기

| 단어 | 소리 | 뜻 |
|---|---|---|
| I | 아이 | 나는 |
| my | 므아이 → 마이 | 나의 |
| we | 우이 → 위 | 우리는 |
| by | 브아이 → 바이 | ~에 의하여 |
| hi | 흐아이 → 하이 | 안녕? |
| he | 흐이 → 히 | 그는 |
| she | 쉬이 → 쉬 | 그녀는 |
| me | 므이 → 미 | 나를 |
| fly | f플아이 → f플라이 | 날다 |
| try | 트르아이 → 트라이 | 노력하다 |
| sky | 스크아이 → 스카이 | 하늘 |
| full | f프울 → f풀 | 배부른 |
| push | 프우쉬 → 푸쉬 | 밀다 |
| kind | 크아이은드 → 카인드 | 친절한 |
| child | 촤일드 | 아이 |
| pretty | 프리티 | 예쁜 |

모음1 장모음

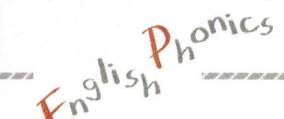

> **FAQ**  비슷한 소리가 나는 각기 다른 영어발음기호는 어떻게 구별하죠?

- [어] 비슷한 기호들: [ɔ] [ʌ] [ə] :
  참고로 [ɔ]는 [오]로 알려져 있지만 실질적으로 우리 귀에는 [오] 소리가 살짝 나지만 [어] 소리에 더 가까울 때가 많습니다. 대부분 [오] 닮은 [어] 소리라고나 할까요?
- [애/에] 비슷한 기호들: [ɛ] [æ] [e]

가끔 이런 비슷한 기호들의 정확한 소리를 어떻게 구별하느냐고 묻는 분들이 있습니다.

여러분은 우리말 발음에서 [애로]와 [에로]를 구별하며 발음하실 수 있습니까? 반대로, 그 소리의 차이를 들어서 쉽게 구별할 수 있습니까? 아니죠. 특별히 직업적으로 필요한 소수의 사람들을 제외하고 평범한 사람들은 실생활에서 그런 구별에 대한 생각조차 하지 않고 지냅니다.

또 하나 예를 들면, 제가 누군가에게 '괜찮다'는 말을 할 일이 있다고 합시다.
우리말 발음이 그닥 완벽하지 않은 저는 '갠차나~'라고 발음하지만, 듣는 사람은 당연히 '괜찮아~'로 듣고 받아 적는다면 '괜찮아'라고 적을 것입니다. **철자와 발음에는 이런 착각(?)이 숨어있답니다.**

우리가 너무나 익숙한 우리말이기 때문에 서로 발음이 분명하지 않아도 소통에 큰 문제가 없으며, 목소리가 개개인이 다 다르듯이 발음에도 약간의 차이는 분명히 존재합니다.

원어민들도 그들의 사회에서는 마찬가지 입니다. 그렇다면 초급을 공부하는 외국인 입장인 우리들이 그런 세밀한 발음의 구별이 필요할까요? 적어도 초급단계에서는 그렇게 자세히 갈 필요가 없다고 봅니다.

그 대신에 액센트에 신경 쓰실 것을 권합니다. 아무리 발음을 사전적으로 완벽하게 해도 억양이 없이 우리식으로 말하면 원어민에게는 듣기 힘든 소리가 되어 소통이 어렵습니다.

초급을 학습할 때는 배우는 단어마다 **입을 크게 벌리고 액센트에 힘을 주어 세게 발음하는 습관을 들이는 일은** 나중에 큰 차이를 가져올 아주 중요한 학습포인트 중 하나입니다.

## [왕초보 시작도우미] 여러 글자를 한 글자처럼 읽기

영어읽기가 쉬우려면 한 단어의 글자수가 적어 보이는 것이 도움이 됩니다. 예를 들어 birthday라는 단어를 읽을 땐 글자수가 8글자가 아니라 b+ir+th+day= 4글자로 읽는 것처럼 부담이 줄면 읽기가 한결 수월해집니다. 여기에서는 지금까지 배운 여러 조합을 모았습니다. 소리값은 직접 써넣고 **하나의 글자처럼 보일 정도로 익숙해지도록 연습하기 바랍니다.**

아이들이 있는 집의 벽에 알파벳표가 붙어있듯이 아래의 글자조합들도 알파벳표와 함께 눈에 자주 띄도록 배치해두고 눈에 자주 띄도록 하여 익히는 것도 한 방법이겠습니다.

| ar | er | ir | or | ur | |
|---|---|---|---|---|---|
| 어~ | 어~ | 어~ | 어~ | 어~ | |
| ire | th | ph | sh | ch | |
| 아이어~ | 뜨 | f ㅍ | 쉬 | 취 | 크 쉬 |
| wh | wr | igh | ugh | kn | |
| 우 | ㄹ | 아이 이 | 묵음 f소리 | k묵음[ㄴ] | |
| gn | gu | mb | ng | ou | |
| g묵음[ㄴ] | u묵음 | b묵음[ㅁ] | 응 응그 | 아우 어 | |
| aw | au | ew | eu | ck | |
| 어(오) | 어(오) | 오, 유 | 유 | ㅋ | |

141

* 소리 내어 읽으며 스스로 소리값을 써보세요.

| | | | | |
|---|---|---|---|---|
| ar | er | ir | or | ur |
| ire | th | ph | sh | ch |
| wh | wr | igh | ugh | kn |
| gn | gu | mb | ng | ou |
| aw | au | ew | eu | ck |

## ● [왕초보 시작도우미] 연속자음 읽기훈련

여기서는 많이 사용되는 연속자음 조합을 모아두었습니다. **이 조합들을 마치 한 글자를 보듯 익숙해지고 주의발음을 할 때 자동으로 입술과 혀가 움직일 수 있도록 많이 연습하시기 바랍니다.**

### 읽기 연습 1

| bl … br | cl … cr | fl … fr | pl … pr |
|---|---|---|---|
| 블 … 브르 | 클 … 크르 | f플 … f프르 | 플 … 프르 |
| gl … gr | dl … dr | sl … sr | tl … tr |
| 글 … 그르 | 들 … 드르 | 슬 … 스르 | 틀 … 트르/츠르 |

### 읽기 연습 2

| bl … cl … fl … pl … gl … sl … dl … tl |
|---|
| 블 … 클 … f플 … 플 … 글 … 슬 … 들 … 틀 |
| br … cr … dr … gr … fr … pr … sr … tr |
| 브르 … 크르 … 드르 … 그르 … f프르 … 프르 … 스르 … 트르/츠르 |

※ tr은 [트르]이지만 [츠르]로도 많이 사용됩니다. [트리]라고도 하고 [츄리]라고도 하는 tree가 대표적인 예입니다.

\* 소리 내어 읽으며 스스로 소리값을 써보세요.

| bl ⋯ br | cl ⋯ cr | fl ⋯ fr | pl ⋯ pr |
|---|---|---|---|
| gl ⋯ gr | dl ⋯ dr | sl ⋯ sr | tl ⋯ tr |

bl ⋯ cl ⋯ fl ⋯ pl ⋯ gl ⋯ sl ⋯ dl ⋯ tl

br ⋯ cr ⋯ dr ⋯ gr ⋯ fr ⋯ pr ⋯ sr ⋯ tr

| | 연속자음 연습: bl pl gl sl cl fl | | |
|---|---|---|---|
| blow | | 블오우 → 블로우 | 불다 |
| blue | | 블우 → 블루 | 파랑 |
| blank | | 블애은크 → 블랭크 | 빈칸 |
| blánket | | 블애은크이트 → 블랭킷 | 담요 |
| black | | 블애크 → 블랙 | 검정 |
| blog | | 블오그 → 블로그 | 블로그 |
| clam | | 클애므 → 클램 | 대합조개 |
| clap | | 클애프 → 클래프/클랲 | 박수치다 |
| clip | | 클이프 → 클리프/클맆 | 클립 |
| flea | | f플이 → f플리 | 벼룩 |
| flag | | f플애그 → f플래그 | 깃발 |
| fly | | f플아이 → f플라이(프라이(X)) | 날다 |
| flee | | f플이 → f플리(프리(X)) | 달아나다 |
| plánet | | 플애느에트 → 플래넷 | 행성 |
| plane | | 플애이은 → 플래인 | 비행기 |
| plug | | 플어그 → 플러그 | 플러그, 마개 |
| plus | | 플어스 → 플러스 | 더하기 |
| place | | 플애이스 → 플래이스 | 장소 |
| plácement | | 플애이스므어은트 → 플래이스먼트 | 배치 |
| glue | | 글우 → 글루 | 풀 |
| glider | | 글아이드*어~* → 글라이*더~* | 글라이더 |
| globe | | 글오우v브 → 글로우브 | 지구(본) |
| glóbal | | 글오우브어을 → 글로우벌 | 국제적인 |
| glove | | 글오우v브 → 글로우v브 | 장갑 |
| glass | | 글애스 → 글래스 | 유리(컵) |
| slide | | 슬아이드 → 슬라이드 | 미끄럼틀 |
| sled | | 슬에드 → 슬레드 | 썰매 |
| slap | | 슬애프 → 슬랲 | 찰싹(치다) |
| slip | | 슬이프 → 슬맆 | 미끄러지다 |

| 연속자음연습 : fr  br  dr  tr  pr  gr  cr | | |
|---|---|---|
| brick | 브르ick → 브릭 | 벽돌 |
| brown | 브르아우은 → 브라운 | 갈색 |
| branch | 브르애은취 → 브랜취 | 나뭇가지 |
| break | 브르에이크 → 브레이크 | 깨다, 휴식 |
| crack | 크르애크 → 크랙 | 갈라지다/금가다 |
| credit | 크르에드이트 → 크래딛 | 신용거래 |
| cream | 크르이x음 → 크림 | 크림 |
| crisis | 크르아이스이스 → 크라이시스 | 위기 |
| creep | 크르이프 → 크맆 | 개울/개천 |
| draw | 드르어 → 드러 | 그리다 |
| dragon | 드르애그오은 → 드래곤 | 용 |
| drum | 드르어음 → 드럼 | 드럼 |
| drill | 드르이을 → 드릴 | 드릴 |
| dry | 드르아이 → 드라이 | 말리다 |
| grape | 그르애이프 → 그래잎 | 포도 |
| grace | 그르애이스 → 그래이스 | 우아함/ 품위 |
| grill | 그르이을 → 그릴 | 그릴 |
| grade | 그르애이드 → 그래이드 | 등급/ 학년 |
| frill | f프르이을 → f프릴 | 주름장식 |
| fruit | f프르우x트 → f프룻 | 과일 |
| frame | f프르애이음 → f프래임 | 액자, 틀 |
| prince | 프르이은스 → 프린스 | 왕자 |
| printer | 프르이은터어~ → 프린터~ | 프린터 |
| press | 프르에스 → 프레스 | 누르다/ 언론 |
| présent | 프르에스은트 → 프레즌트 | 선물 |
| prize | 프르아이즈 → 프라이즈 | 상 |
| truck | 트르어크 → 트럭/츠럭 | 트럭 |
| trap | 트르애프 → 트랲/츠랲 | 덫 |
| trick | 트르이크 → 트릭/츠릭 | 꾀/ 속임수 |
| tree | 트르이 → 트리/츄리 | 나무 |
| triangle | 트르아이애은그을 → 트라이앵글/츄라이앵글 | 삼각형 |
| tray | 트르애이 → 트래이/츄래이 | 쟁반 |

## [왕초보 시작도우미] 영어 초급자들이 틀리게 읽기 쉬운 것들

### ★ all [올] — ㅓ[얼]과 [올]의 중간소리

| | 초보의 실수 | 옳은 발음 | |
|---|---|---|---|
| all | | 올 | 모두 |
| ball | 벨(X), 벨=bell (종) | 브올 ➡ 볼- | 공 |
| call | 켈(X) | 크올 ➡ 콜- | 부르다 |
| fall | f펠(X), f펠=fell(떨어졌다) | f프올 ➡ f폴- | 떨어지다 |
| small | 스멜(X), 스멜=smell(냄새 맡다) | 스므올 ➡ 스몰- | 작은 |
| tall | 텔(X), 텔=tell(말하다) | 트올 ➡ 톨- | 키 큰 |
| mall | 멜(X) | 므올 ➡ 몰- | 쇼핑센터 |
| wall | 웰(X), 웰-well (잘) | 우올 ➡ 월- | 벽 |

#### 예외

| shall | 쉘 | (조동사) | shell | 쉘 | 껍질 |
|---|---|---|---|---|---|

 **al**

a와 l이 함께 있으면 a가 [애] 소리는 잘 나지 않는 경향이 있습니다.

| | | | |
|---|---|---|---|
| alone | | 얼르오운 ➡ 얼론- | 홀로 |
| always | | 얼우애이스 ➡ 얼웨이즈 | 항상 |
| almost | | 얼므오스트 ➡ 얼모스트 | 거의 |
| allow | | 얼오우 ➡ 얼로우 | 허용하다 |
| also | | 얼스오 ➡ 얼소 | 또한 |
| alert | | 얼어~트 ➡ 얼러트 | 경계 |
| finally | | f프아이느얼리 ➡ f파이널리 | 마침내 |
| total | | 트오트얼 ➡ 토털 | 총 합 |
| equal | | 이쿠얼 ➡ 이퀄 | 동일한 |
| usually | | 유주얼리 | 보통, 대개 |
| special | | 스페시얼 ➡ 스페셜 | 특별한 |
| general | | 제너럴 | 일반의 |
| animal | | 애니멀 | 동물 |
| alps* | | 알프스/앨프스 | 알프스 |
| alphabet* | | 알f파벧/앨f파벧 | 알파벳 |

* alps와 alphabet 같이 명사인 경우에는 [애] 소리로도 발음하며, 주로 미국식 발음에서 [애] 소리를 많이 합니다.

## ★ say / says / said

'말하다'란 뜻의 say는 [스애이 → 새이]로 읽습니다. 그런데 3인칭 단수 현재의 동사로 쓰일 때 단어의 뒤에 s가 붙으면 [새이스]가 아니라 **[새스]**로 읽습니다.

과거형 said도 [새이드]로 읽지 않고 **[새드]**로 읽습니다. 왜 그러냐구요? 많이 사용되다 보니 그렇게 변형되었나 봅니다. 그러니 배우는 사람은 그냥 외울 밖에요.

| say | says | said |
|---|---|---|
| [스애이 → 새이] | [새어스: X] [**새스**: O] | [새어드: X] [**새드**: O] |

## ★ was / were

Be동사의 과거형 was와 were를 [웨스]와 [웨얼]로 읽는 분들도 많습니다.

| was | were |
|---|---|
| 웨즈(X) **워즈**(O) | 웨얼(X) **워~**(O) |

## ★ want / won't

위 두 단어는 비슷한 소리로 혼동되기 쉽습니다. Won't의 경우에 사전에 나온 발음기호와는 다르게 실제로 우리 귀에는 **[웡트]**로 들리며, 그렇게 발음하면 want와 구별되는 발음을 할 수 있습니다.

| want | won't |
|---|---|
| 우어은트 → **원**트 | **웡**트 |

## ★ work / walk

R발음은 혀가 닿지 않고 내는 ㄹ소리로 R발음을 부담스러워하는 분들도 꽤 많습니다. 그런 경우엔 영국식 발음인양 굳이 하지 않아도 큰 문제되지 않습니다. 그러나 꼭 구별해야 하는 기초단어가 있습니다.

'일하다'의 work와 '걷다'의 walk인데요 L묵음 시리즈에서 보셨듯이 walk의 l은 묵음이며 발음은 [워키]입니다. '일하다'의 work만큼은 '월크'처럼 들리도록 발음해 주지 않으면 걷다의 [워크]로 들릴 수 있으니 두 단어는 꼭 주의해서 발음해 주세요.

| work | walk |
|---|---|
| 워~크(O) | 월크(X), 워크(O) |

## ★ 세 가지 포크

| 주의 발음: 우리에겐 비슷 비슷~, 원어민에겐 전혀 다른 [포크]들 | | |
|---|---|---|
| folk | f포x크 ( l묵음) | 사람들/대중/민중 |
| fork | f포~크 (모음+r) | (식사용)포크 |
| pork | 포~크 | 돼지고기 |

## 단어의 복수형이나 과거형 읽는 법

파닉스의 기본을 학습하고 나서 문장읽기로 들어가면 만나게 되는 여러 복병이 있습니다. 그 중 하나가 명사의 복수형이나 주어가 3인칭단수인 경우 동사의 끝에 붙게 되는 -s, 또는 -es, [-스] 또는 [-이스]를 붙여서 읽는 법과 [-드] 또는 [-이드]로 끝나는 동사의 과거형 읽기입니다.

| 단어의 끝에 -s 또는 -es가 붙은 경우 읽는 법 | | | |
|---|---|---|---|
| 원래 단어의 끝이 [스]와 비슷한 [스], [쉬], [취] 알파벳 x 로 끝나면 [-이스] | | 아니면 그냥 [스] | |
| dresses | 드레스-이스: 드레시스 | apples | 애플-스: 애플스 |
| causes | 커즈-이스: 커지즈 | bears | 베얼-스: 베얼스 |
| washes | 워쉬-이스: 워시스 | books | 북-스: 북스 |
| catches | 캩취-이스: 캩취스 | bricks | 브릭-스: 브릭스 |
| beaches | 비취-이스: 비취스 | dolls | 돌-스: 돌스 |
| buses | 버스-이스: 버시스 | dragons | 드래곤-스: 드래곤스 |
| brushes | 브러쉬-이스: 브러쉬스 | bugs | 벅-스: 벅스 |
| foxes | f팍스-이스: f팍시스 | | |

| 규칙동사의 과거형 읽는 법 | | | |
|---|---|---|---|
| 보통 d와 비슷한 소리 [드] 또는 [트]소리로 끝나는 단어들은 [-이드] | | 이외 나머지는 그냥 [-드] | |
| expected | 익스펙트-이드: 익스펙티드 | looked | 룩드 |
| invénted | 인v벤트-이드: 인v벤티드 | played | 플래이드 |
| added | 애드-이드: 애디드 | walked | 웍드 |
| folded | f폴드-이드: f폴디드 | relaxed | 릴랙스드 |
| guided | 가이드-이드: 가이디드 | rained | 래인드 |

| -t 또는 -d로 끝나는 단어의 복수형 읽는 법 ||||
|---|---|---|---|
| **-ts** = 트스(X) **츠(O)** || **-ds** = 드스(X), **즈(O)** ||
| robo**ts** | 로벝**츠** | Frien**ds** | f프랜**즈** |
| studen**ts** | 스튜던**츠** | han**ds** | 핸**즈** |
| plan**ts** | 플랜**츠** | hundre**ds** | 헌드레**즈** |
| frui**ts** | f프룯**츠** | bir**ds** | 버~**즈** |
| go**ats** | 고욷**츠** | ki**ds** | 키**즈** |

### 읽는 법- 파닉스 배워봐야 규칙이 잘 맞지도 않더라. 별로 쓸모도 없더라!!! (진짜???)

초등학생 학부모들 중에서 비싼 돈 들여 파닉스 교육을 시켰는데 자녀들의 초등영어에는 규칙이 다 맞지도 않아서 별로 필요하지도 않더라~ 그러니 파닉스 교육은 필요가 없다~ 라고 주장하신 분들이 간혹 있습니다.

사교육에서 파닉스를 배웠는데 초등영어에서 나오는 단어에는 읽는 법이 별로 적용이 안 되는 경우가 있는 것이 사실입니다. 왜냐하면 읽는 법- 파닉스 규칙은 전체 단어의 약 80%에 해당되는데, 그 규칙에서 예외인 단어들의 거의 대부분이 실생활에서 많이 사용되는 초급단어에 있기 때문입니다. 그러므로 처음 영어를 공부하는 입장에서는 자꾸 파닉스 예외를 만나게 되니 파닉스 규칙이 별로 필요가 없다고 생각될 수 있는 것입니다.

그러나 완전 초급만 넘어가면 파닉스 규칙에서 예외인 단어는 거의 없게 되니 그때부터 읽는 법을 아는 능력이 힘을 제대로 발휘하게 됩니다. 다행인 점이라면 파닉스 예외인 대부분의 초급단어들은 그만큼 많이 사용되는 단어라서 자주 만나게 되니 습득이 비교적 쉽다는 점입니다. 우리가 '땡큐'나 '굿모닝'을 애써 외우지 않고 습득된 것처럼 꾸준히 영어를 공부하면 예외 단어들은 그리 어렵지 않게 습득이 됩니다.

기본초급단어들이 읽는 규칙도 다르고 스펠링도 다른 것이 많기 때문에 우리나라 초등 저학년들이 받아쓰기 시험을 보듯이 영어권에서도 저학년에서는 기본단어들을 정해놓고 받아쓰기 시험도 보는 등의 교육을 합니다. 이런 단어들을 싸이트 워드 sight words라고 분류하기도 합니다. 위에서 언급한대로 자주 만나는 단어들이므로 꾸준히 공부하다보면 그리 어렵지 않게 습득이 되는 단어들입니다. 그러므로…

### 읽는 법 규칙은 절대적으로 유용합니다.
### 그러니 열심히 익힙시다!!

 **초등학생 파닉스 지도법**

1. 가르치는 입장이라면 어느 정도 규칙성을 알고 설명해 줄 수 있어야 하므로, 쉬운 규칙이라도 정확히 먼저 알아야 합니다.

2. 이 책은 성인을 대상으로 하는 책이므로 단어의 수준은 초급이지만 어린이에게 직접 적용하기엔 적절하지 않을 수 있습니다. 어린이에게 맞게 나온 교재를 선택하시거나, 굳이 새로 교재를 사지 않더라도 집에 있는 책에서 단어를 공책에 옮겨 적고 이 책의 방식대로 한글로 소리를 토를 다는 연습을 하면 됩니다.
   이때 파닉스 규칙 예외의 발음을 가진 단어들은 아이가 한글로 소리값의 토를 달았는데 틀리는 좌절을 맛보기 전에 미리 알려주어야 합니다.
   한글토를 다는 일은 아이의 실력이 늘수록 점점 줄어들게 되며, 종국에는 한글토를 달지 않고 읽게 됩니다(주산 잘하는 아이들이 나중에 주판 없이도 암산왕이 되는 것과 같은 원리입니다).

3. **파닉스 학습은 몰아서 한 번에 하는 것이 아닙니다. 천천히 오래~ 걸립니다.**
   아이가 **새로운 단어를 만날 때마다** 파닉스 규칙을 활용해 스스로 읽어내는지를 중등 실력 정도 될 때까지는 **틈틈이 관리**해주어야 합니다. 그러지 않으면 눈치로 대충 읽는 버릇이 어느새 생기기 마련입니다. 그리고는 배운 파닉스 규칙은 잊어버리게 됩니다.
   제게 상담하는 성인들 중 가끔 어렸을 때 파닉스를 2년이나 배웠는데도 모른다는 분들이 있는데 바로 이런 이유입니다. 중요한 것은 '**조금씩**', '**꾸준히**', '**제대로**' 입니다.
   매일 많은 시간을 할애할 필요까지 없습니다.
   아이들에겐 부모님 또는 선생님이 함께 하는 시간의 양보다 질이 더 중요함을 기억하세요.
   제 교재의 뒷편에 있는 파닉스는 고급이므로 중급레벨의 수준 이상에서 학습할 내용입니다. 그러나 아이의 수준에 맞는 지도를 하셔야 합니다. 몇 년을 두고 천천히.. 반복 확인하면서……

4. **초등 저학년의 파닉스 학습교재엔 그림이 도움이 되는지 아닌지를 잘 판단해야 합니다.**
   요즘은 아이들이 유치원 시절부터 귀동냥이 많이 되어 있어서, 교재에 그림이 있으면 힌트를 얻고 제대로 읽기보다는 이미 알고 있던 소리를 내버리므로 지도하는 어른들은 아이가 제대로 읽은 것으로 착각하기 쉽습니다. 그래서 결국은 제대로 된 학습에 방해가 되는 것입니다. 그러나 한편 모르는 단어를 스스로 읽어냈을 때 그림이 있다면 그 뜻을 외우기에 도움이 되기도 합니다. 그 차이점을 지도하는 분이 학생의 수준에 맞도록 잘 인지하고 활용하여야 합니다.

5. **참고!! 초등생의 집중시간은 15분정도입니다.**
   중요한 키포인트는 10분 내지 15분 내로 흡수시키고 나머지는 비슷한 것들을 연습하는 것이라는 점을 잊지 마세요.

**6. 어느 정도 기초적인 파닉스 학습을 익히고 난 후에는 문장읽기로 갑니다.**
큰 글씨, 짧은 문장, 다 아는 얘기(동화)같은 책들을 읽으며 성취감을 맛보게 합니다.
이때 책장이 빨리 넘겨지는 쉬운 책이 좋습니다. 이때, 책의 난이도는 80% 쉽고 20% 정도는 어려운, 만만한 책이 좋습니다.

**7. 소리 내어 읽기를 합니다.**
새로 익힌 스토리나 단원을 읽을 때는 한 단원을 한 번씩 여러 번 읽기보다는 한 문장씩 한꺼번에 여러 번 읽는 것이 유창하게 읽는데 도움이 되고 따라서 전체적인 기억에도 도움이 됩니다. 처음 접하는 단어 또는 문장은 한 문장 여러 번 읽기 한 후에, 전체문장 한 번에 읽기 순서로 넘어갑니다.

**8. 듣기의 중요성**
상대방의 말을 알아듣지 못하면 아무리 다른 영어점수가 높아도 회화는 불가능해집니다.
평소에 접하는 모든 영어교재의 듣기에도 꼭 신경 쓰기 바랍니다.

CD를 듣고 그림자처럼 따라 읽는다고 그림자기법이라는 학습법이 있습니다. 문장의 경우, 책 보지 않고 뜻을 생각하며 소리만 듣고 따라 읽기를 하면 회화 능력향상에 도움이 됩니다. 이 방법은 고도의 집중으로 에너지 소모가 많아 실증내기 쉬우므로, 아주 적은 양을 꾸준히 하기를 권합니다.

 **초등 저학년 소리값 외우기 지도 요령**

1. 에이~애~, 비이~브~, 씨이~크~.. 운율을 살짝 넣어 챈트처럼 여러 번 읽게 합니다.
   **아이가 알파벳의 글자이름 [에이, 비, 씨, 디..]을 외우기보다 [애, 브, 크, 드…] 소리를 외우는 것이 영어읽기에 수월하게 적응하도록 합니다.**

2. 공책에 알파벳과 한글음을 직접 쓰도록 합니다. 한글로 써보는 것이 머리에 각인시키기 훨씬 빠릅니다. 알파벳을 아직 못 외운 경우에는 알파벳의 이름까지 쓰도록 합니다.

   *Ex*

   | A a | B b | C c | D d | …… |
   |-----|-----|-----|-----|-----|
   | 에이 | 비이 | 씨 | 디 | |
   | 애 | 브 | 크 | 드 | |

   위와 같은 기본연습을 한 후 아래와 같이 친근한 단어들을 여러 번 써서 연습하도록 합니다. 알파벳을 다 외운 경우엔 알파벳을 한글로 쓸 필요는 없겠지요?

   | h | a | n | d | … |
   |---|---|---|---|---|
   | 에이취 | 애이 | 앤 | 디 | |
   | 흐 | 애 | ㄴ | ㄷ | 핸드 |

3. 알파벳이 하나씩 있는 카드를 만들어 섞어서 빨리 알아 맞추기 등의 게임으로 재미있게 익히도록 합니다.

4. 이 책에는 두 개 이상의 글자들이 하나의 소리를 내는 조합들을 배울 수 있도록 하였습니다. 저학년의 경우에는 기본적인 알파벳의 소리값을 익힌 후 단계에 맞도록 소리조합의 글자들을 하나씩 추가로 익혀가도록 합니다.

**초등 저학년 모음 쉽게 외우는 법: 모음 캐릭터 그리기**

- 모음으로 사람얼굴을 아래처럼 그려서 예를 들어 줍니다.
- 모음 a, e, i, o, u와 반모음 w, y를 사용해 얼굴 그리기 놀이는 하도록 하면 쉽게 외웁니다.
- w, y는 모음의 역할을 하기 때문에 반모음이라고 분류하고 단어 안에서는 모음의 역할을 합니다.
- 반드시 a/e/i/o/u 입으로 소리 내면서 그리도록 합니다.

여러분도 나름의 상상력을 동원하여 모음얼굴을 그려보세요.

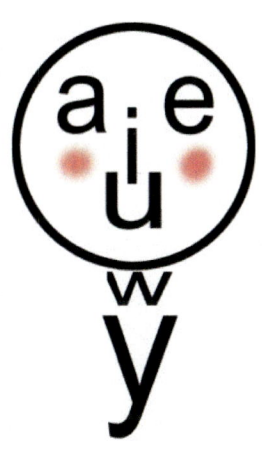

> **FAQ** 장모음, 대체 어떤 때 지키고 어떤 때 안지키나요?
> 그 기준을 몰라서 모르는 단어를 읽을 때 헤매게 되네요.

파닉스 공부할 때 가끔 답답한 점은 대체 어떤 건 장모음하고 어떤 건 안하는지 어떻게 알겠느냐! 하는 점이죠.

파닉스 규칙은 전체 단어의 80%정도라고 합니다.
그런데 불행하게도 그 파닉스 규칙에서 벗어나는 단어 20%가 많이 사용되는 단어라는 점입니다.
많이 사용되는 단어들은 입에서 입으로 전하는 동안 규칙을 벗어나 예외에 속하게 되는 경우가 많은 겁니다.

제가 뉴질랜드 남섬에 갔을 때 호텔직원에게 뭔가를 물어볼 일이 있었습니다. 대답해주던 직원은 너무도 친절하게 7층으로 가라고 말하는데 '시v븐스 f플로어~(senventh floor)'라는 발음을 듣고 혼자 웃은 일이 있습니다.
엄밀히 따지면 seven은 장모음 적용을 받아서 '시븐'으로 읽어야 맞는 거지요.
그런데 뉴질랜드 남섬이라는 지구 끝 세상에서 먼 인구도 거의 없는 지역이라 그런지 남들은 다 변형되어 '세븐'으로 읽는데 그 지역만 장모음 규칙을 지키게 된 거 아닐까 혼자 추측했었습니다.

그런 식이에요. 사람들 입에 많이 오르내리면 규칙에서 벗어나게 될 확률이 높아진다는 거. 반대로 잘 사용되지 않는 낯선 단어는 규칙을 벗어나는 단어가 거의 없습니다.

그럼 초급 공부하는 사람은 어떡하느냐~ 싶으시지요. 그래서 학원에서는 sight word 라고 따로 모아서 교육을 시키기도 합니다. 그러나 '많이 쓰이는 단어'란 그만큼 자주 만나게 되는 단어이기 때문에 계속 영어를 공부하다보면 자연스럽게 습득되기도 합니다.

특히 아주 쉬운 단어들부터 접근하게 되는 초등학생들은 CD나 원어민의 목소리를 듣는 학습이 병행되기 때문에 파닉스규칙을 벗어나도 자꾸 접하며 듣는 영향으로 별 저항없이 쉽게 익히곤 합니다.
성인이 되어 새로이 학습하려고 할 때가 오히려 더 혼돈스럽고 어려울 수 있지요.

여기에서 만나게 되는 단어들은 거의 초등과 중등 기본 단어에서 많이 벗어나지 않으므로, 학습 중에 만나게 되는 예외는 그냥 외우는 수밖에 없습니다.

참고로, 한 단어 안에 장모음의 대상이 되는 모음이 여러 개일지라도 그것을 모두 장모음으로 읽지는 않고 그 중 하나 또는 두 개를 장모음으로 읽습니다. 영어사전도 여러 종류여서 사전마다 약간씩 다를 때도 있으므로 사전상의 발음기호가 실생활에서도 완전 절대적인 것은 아닙니다.

실제 사용되는 회화로서의 영어에서는 장모음을 포함한 모음의 발음은 개개인이 모두 사전과 동일하게 하지는 않더군요. 제가 유학시절 강의도중에 교수가 data를 [다타]라고 해서 의아했던 적이 있습니다.
그런데 가만히 보면 원어민들은 [데이터/데이타/다타/대터] 이렇게 다양하게 제 맘대로(?) 말하더군요.
알아듣는 제 자신이 기특할 정도로 생소했던..ㅎㅎ^^

그래서 사투리인가 싶어서 사전을 찾아보니 위 발음법이 모두 있는 걸 보고 다시 한 번 확인했었습니다.
또 어떤 경우에는 완전 인텔리 백인 아저씨가 excuse me를 '엑스큐스 미'로 말하는 것도 보았습니다. '익스큐스미'라고 하지 않으면 큰일 나는 줄 알았던 제겐 신선한 충격이었지요. 이런 식으로 사전과는 별도로 자기들이 편한대로 하기도 합니다. 그래서인지 사전을 찾아보면 기호가 여러 개로 되어있는 것을 보면 '이렇게 읽어도 되고~ 저렇게 읽어도 되고~'식임을 여러 번 확인할 수 있었습니다.

사전적인 발음기호는 그저 해당 단어를 읽는 법에 대한 '제안'정도이지 절대적인 아닌 것입니다.
그러니 너무 정확한 발음에 지나치게 신경 쓰고 얽매일 필요가 절대 없습니다. 기본적으로 지킬 것만 지켜줘도 큰 무리가 없다고 봅니다.

### 지킬 점이란.. F와 V, L과 R, 그리고 **액센트**라는 거 아시죠?^^

제가 수강생들에게 읽기나 발음법과 함께 누누이 강조하는 것은 반드시 듣기를 병행하라는 점입니다.
듣기가 병행되어야 진정 균형이 맞는 학습이며, 동시에 파닉스의 예외상황 파악도 빨라집니다.

> **FAQ**  영어발음이 구려서 슬퍼요

> **질문**: 저는 독해위주로 공부해서인지 발음이 구립니다.
> 공인 인증시험으로 고득점자인데도 발음이 구리니 슬픕니다.
> 원어민과 말할 때도 자신이 없고...
> 어학연수나 유학을 가본 적이 없는 토종의 한계인가 싶기도 해요.

몇몇의 유명 영어강사를 포함하여 발음 좋은 영어능통자 중에는 외국에 전혀 나가보지 않고도 좋은 발음을 가진 사람이 많습니다. 단언컨대 영어학습에 있어 '토종의 한계'라는 것은 없습니다.

님과 같이 발음이 구리다고 본인이 느껴도 원어민과의 소통에 문제가 없다면, 그건 님이 오히려 자랑스러워할 부분이에요. 제가 겪어본 바로는, 서양 사람들은 개성을 좋아해서 발음도 자기만의 독특한 액센트를 가진 사람에게 매력을 느낀답니다. 물론 소통에 지장이 없는 범위 내에서라는 전제가 잔혹하게 있지만요.

그 대표적인 사례가 아놀드 슈왈제네거. 독일 이민자 출신이라 투박하고 어눌한 발음이지만 오히려 매력으로 승화되었구요, 반기문총장님. 어눌한- 우리 기준으로는 아주 심하게 구린 발음- 오히려 미지의 파워가 더 강해보이는.. 94년에 노벨 평화상을 받은 전 팔레스타인 해방기구 의장이었던 야세르 아라파트의 발음도 제 귀엔 코미디 같았지만 오히려 그런 발음으로 능통한 영어를 구사하여 아랍어를 못하는 서방인들의 기를 죽여버렸었습니다.

생각해보세요... 동등한 입장에서 나는 쟤네 말은 전혀 모르는데 쟤는 우리말은 잘한다... 이건 한편 위협적인 겁니다. 이밖에도 오드리 헵번의 영국식 액센트도 미국시장에서는 흠이 될 점이었지만 오히려 매력으로 변해버렸지요. 등등.. 많~습니다.

그러니까, 제가 자신있게 말할 수 있는 건 소통에 문제가 없다면 그 구린(?) 발음은 원어민에겐 매력적으로 어필한다는 점입니다!

그럼, 발음이 구려서 원어민이 못 알아듣는다면??
그것은 잘못된 발음인 것입니다. 아무리 점수가 좋으면 뭘 해요. 소통이 안 되는 걸...
일일이 써가면서 말할 것도 아니구.
그러나 이미 따놓은 점수가 있다면 이건 고치기 쉽습니다.
이제부터 매일 읽기 연습을 하세요.

더 효과적으로 하려면 회화부분은 CD의 원어민 소리를 그대로 흉내 내며 읽기 연습입니다.
흉내를 낸다는 건 나도 모르게 액센트를 넣게 된다는 뜻이에요.
연습할 때는 입을 크게 벌리고, 액센트를 팍팍 넣어서.

굴릴지 말아야 할 곳에서 굴리는 발음은 정말 구려지니까 r발음이 어려우면 당분간 혀가 내려놓아 입천장에 닿지 않도록 하고 L의 혀위치만 확실히 지켜보세요. 차라리 영국식에 가까워집니다. ㅎㅎ..

사투리가 강한 지방출신 연예인이나 서울출신이라도 발음에 문제가 있는 연예인들은 볼펜을 물고 피나게 읽는 연습한다잖아요? 깨끗한 발음을 갖기 위해서는 독해위주로 공부해 점수만 있는 학생들이 한 번 더 치러내야 할 관문 같습니다. 그래도 기본적으로 실력이 있으니 개선속도가 빠르다는 데에 위안을 두세요.
파이팅하세요!! ^^*

> **FAQ**  파닉스 학습은 언제까지 얼마만큼 해야 하나요?

일단 이 책에서 기본적인 규칙을 학습합니다.
그러나 한번 공부했다고 끝나는 것이 아니라, 영어학습이 지속된다는 조건하에
새로운 단어를 만날 때마다 적용해보고 스스로 읽어보는 연습을 계속해야 합니다.
그렇게 꾸준히 연습하면서 영어실력이 중급 이상 될 때 읽기에는 거의 문제가 없게 되겠습니다.
당연히 정확한 발음도 갖게 되어야지요.
그러기 위해서는 파닉스 학습 시엔 반드시 소리 내면서 연습하세요.

> **FAQ**  발음기호와 한글 파닉스의 차이, 발음기호는 필요없나요?

발음기호가 각각의 단어를 읽는 방법을 표현하는 표식이라면, 파닉스는 '읽는 방법'에 관한 포괄적인 방법이라 하겠습니다. 제대로 읽는 다는 것은 제대로 발음함을 포함하는 개념입니다.

영어사전에는 각각의 단어에 대한 발음기호가 있습니다. 우리가 알고 있는 그 영어 발음기호는 약 100년 전 유럽의 언어학자들이 만들어 놓은 것이라고 합니다. 그런데 실제 영어에 있어서는 사전에 있는 발음기호와 사용되고 있는 영어 사이에 차이가 있는 경우를 적지 않게 봅니다. 그래서 저는 사전에 있는 발음기호는 그 영어단어를 읽기 위한 발음법의 권고사항 정도라고 말합니다.

그런 이유로 영어를 처음 배우는 입장이라면 낯설고 생소한 그 기호를 따로 외워야 하는지 그 필요성과 효율성에 의심을 하게 됩니다. 예를 들어 우리가 '에로무비를 보려는 데 애로사항이 많네!'라는 말을 한다고 가정해봅시다. 평범한 사람이라면 '애로'와 '에로'의 발음상의 차이는 구별하기 힘듭니다. 또한 '애로'무비를 보는 데 '에로'사항이 많아!'라고 말해도 누군가 받아 적을 때는 '에로무비'와 '애로사항'이라고 적는 것이지요. 또한 난 갠차

나'라고 제가 발음해도 듣는 사람은 '난 괜찮아'로 알아듣습니다. 아나운서와 같은 직업적인 경우가 아니면 보통 일반인들의 발음은 표기법과 일치하지 않는 경우가 많습니다.

원어민들의 경우도 마찬가지입니다. 모두들 사전에 나와 있는대로 미세한 차이를 정확하게 발음하지 않습니다. 그럴 필요도 없구요. 우리들도 사람마다 발음법이 약간씩 달라도 모두 소통하듯이, 원어민들도 각 개인마다 자기개성을 지닌 발음법으로 발음을 하며 소통합니다. 영어 라디오방송을 들어보면 DJ들이 인터뷰해 온 사람들의 각자 개성있는 발음에 대한 호감을 드러내는 멘트를 가끔 접하곤 합니다. 지킬 것만 지키면 차라리 자기만의 개성과 매력을 지난 영어발음으로 받아들여짐을 알 수 있습니다.

이렇듯 영어발음기호가 실제 원어민들의 생활 속에서 발음하는 방법과 정확히 일치하는 것도 아닌데, 사전적 발음기호에 대한 부담감과 좋은 영어발음에 대하여 너무 미세한 차이에 겁먹을 필요가 없다고 말씀드리고 싶습니다.

이 책에서는 영어를 읽는 방법을 가르치고자 하는 목적을 가지고 있습니다. 그런데 외국어를 배우는 입장에서 우리말로도 충분히 표기가 가능한 방법을 두고 굳이 생소한 영어발음기호를 다시 외우는 이중작업을 할 필요는 없지 않을까요? 그냥 우리에게 친숙한 표음문자 - 한글을 활용하면 편리합니다. 한글로 표기하기 힘든 발음은 F, V 두 개밖에 없으며 이 책에서는 이 책만의 표시로 구분합니다.

초급영어를 배우는 단계에서는 이와 같이 한글을 활용한 파닉스로 쉽고 빠르게 진입하시길 권합니다.
그러면 발음기호는 전혀 필요없는 것이냐는 질문도 자주 받습니다. 영어사전이 발음기호를 사용하니 발음기호를 안다는 것은 당연히 도움이 됩니다. 그러나 앞에서 말씀드린 것처럼 실제 사용되는 발음과 차이가 나는 단어들도 많습니다. 게다가 요즘은 일일이 기호를 볼 필요가 없는 미디어 시대입니다. 대부분 전자사전 등을 써서 듣고 익히기를 주로 하니 발음기호를 사용할 일이 실질적으로 점점 줄어들고 있습니다.
그러나 앞에서 말씀 드린 것처럼 처음 배우거나 완전 기초를 학습하는 경우엔 너무나 생소한 영어발음기호를 따로 외우기엔 학습에의 진입장벽이 너무 높아집니다. 한글을 활용한 파닉스법으로 쉽고 편하게 일단 진입하고 나서 영어실력이 중급에 이르면 영어에 익숙한 만큼 발음기호를 익히기도 편해지므로 그때 외워두고 활용해도 늦지 않으리라 봅니다.

간혹 한글을 쓰는 자체에 거부감이 많은 분들을 봅니다. 영어에 한글로 토를 단다는 것은 영어 읽을 줄 모르는 아이들이 쓰던 열등한 방법으로 인식된 것이 큰 이유일 것입니다. 그러나 그것과는 경우가 다른 이야기입니다. 읽을 줄 몰라서 한글토를 다는 것과 스스로 읽어내기 위해 토를 다는 일은 근본적으로 차원이 다른 이야기입니다.

한글토를 단다는 것은 영어를 읽는 법의 학습에 필요하여 잠시 사용하는 도구에 불과합니다. 주산을 잘하는 아이들이 고급수준에 이르면 주산없이 고단위의 연산이 가능한 것처럼, 또는 꼬마가 자전거를 배울 때 달린 보조바퀴와 같아서 일단 자전거를 탈 줄 알면 필요 없어지는 것과 마찬가지이며 일단 영어 읽는 법이 학습되고 나면 필요가 없어지는 표식에 불과합니다.

제가 가르쳐 본 경험으로는 아이나 어른이나 할 것 없이 처음에는 열심히 한글토를 달다가 학습이 진행될수록 토다는 일이 점점 줄어듭니다. 그러다 읽기 어려운 단어가 나올 때만 얼른 꼼꼼히 한 글자씩 한글토를 달아 어려운 단어도 스스로 읽어냅니다. 그러니 한글토달기에 무조건 거부감 있는 분들은 학습효율성면에서 다시 한 번 생각해 보시길 바랍니다.

파닉스와 발음기호에 관한 저의 결론은 다음과 같습니다.

- 파닉스 배우기의 시작은 한글을 활용하는 방법으로 쉽게 진입한다.
- 사전의 발음기호는 '절대'가 아니라 '참고사항'이므로 발음과 읽기의 과도한 부담감을 버려라.
- 영어실력이 초급을 벗어나면 발음기호를 외우기도 쉬워진다. 참고사항으로 알아둬서 나쁠 것도 없다. 그러나 소리는 눈으로 읽기보다 들어서 익히는 것을 소홀히 해서는 안된다.

> **FAQ** 영국식 발음? 미국식 발음??

> **질문**: o는 미국식은 아, 영국식은 오, 라고 하셨는데 이해가 안 되는 부분이 있습니다.
> 먼저 og로 끝나는 단어로 fog/dog같은 거 [오그]로 발음되잖아요?
> 근데 op로 끝나는 단어의 경우 hop/pop/top 같은 건 [아프]로 발음되구요.
> 왜 똑같은 o인데 [오]가 됐다 [아]가 됐다 하는지…
> o로 시작하는 단어에서도 단순히 미국식이냐 영국식이냐의 문제가 아니라 사전을 찾아 미국식 발음을 들어보면 똑같은 o인데도 open은 [오우]로, operate는 [아]로 발음하는 등 정말 헷갈립니다.

## ➡ O의 발음

기본적으로 미국식은 [아]에 가깝고, 영국식은 [오]에 가깝습니다. 그러나 발음은 목소리처럼 약간의 개인차가 있습니다. 우리가 너무나 익숙한 우리말이어서 그렇지 '사과'를 '사가'라고 발음해도 분위기상 우리는 '사과'로 알아듣고 인식하지요. 원어민도 같습니다. 그러니 발음에 대한 지나친 염려는 하지 않으셔도 됩니다. 모음은 액센트 역할을 하지 않을 때 분명한 자기 소리를 내지 못하고 [에] 또는 [이] 비슷한 애매한 소리가 됩니다. 우리와 발음구조가 달라서 우리 귀에는 애매한 소리로 들리는 것입니다.

그래서 위의 operate의 경우, 사전에 발음기호를 찾아보면 [아퍼래잍]도 있고 [어퍼래잍]도 있습니다. 이렇듯 사전에 둘 다 있는 경우가 많으며, 사전마다 표기가 다르기도 합니다. 미세한 차이에 너무 스트레스 받지 마시고 액센트에 신경써주세요.

한 단어 안에서 액센트 위치에 있는 모음만 정확히 해주고 나머지는 살짝 발음을 흐려야 한국식으로 모음을 발음하는 것을 피할 수 있습니다.

## ➡ r 발음과 t 발음

영국식은 r 발음을 거의 굴리지 않는 반면 미국은 혀를 많이 굴려 r을 발음합니다. 그리고 미국식은 t 발음의 경우 단어의 첫 글자가 아니면 바로 뒷글자의 소리 비슷하게 넘어가버리는 반면 영국식 발음은 t의 발음을 분명히 합니다.

### ▶ a 발음

영국식과 미국식 발음의 가장 큰 차이라면 a발음일 것입니다. 많이 사용되는 단어인데 영국식 발음은 [아]를, 미국식 발음은 [애]로 발음되는 경우가 있습니다. 싸이의 '오빤 강남스타일'이 세계적으로 이슈가 되었던 시절 유튜브에서 싸이관련 뉴스 동영상을 찾아보는 것이 그 당시 제겐 작은 즐거움이었습니다. 그 중에는 기자나 진행자들이 말춤을 언급할 때 horse riding dance를 [홀스 라이딩 단~스]라고 보도하는 모습을 흔히 볼 수 있습니다.

어느 정도 학습이 되고나면 이상처럼 영국식과 미국식이 발음이 좀 다르다고 해서 소통에 방해되는 일은 없습니다. 그러니 초급학습자들이 두 가지를 따로 공부해야 하나 하고 고민하실 필요는 없습니다. 꾸준히 영어를 공부하다보면 두 차이점은 자연스럽게 습득이 됩니다.

단, 듣기 학습 시에는 같은 영어발음이라도 다양한 국적의 발음을 접하도록 권합니다. 영어가 국제 공용어의 역할을 하고 있으므로 비영어권출신의 다양한 영어발음을 접해보는 것은 실질적으로 많은 도움이 됩니다.

| | 발음 비교 | 영국식 | 미국식 |
|---|---|---|---|
| O | fox / box | f폭스 / 복스 | f팍스 / 박스 |
|   | doctor | 독터 | 닥터~ |
| T/R | Water | [트] 발음 → 워터 | [트] 소리 약화 → [워러~] |
|     | thirty | 써티 | 써~리 |
|     | pretty | 프리티 | 프리디 / 프리리 |
| a | dance | 단스 | 댄스 |
|   | half | 하f프 | 해f프 |
|   | can/ can't | 칸/칸트 | 캔/캔트 |
|   | glass/ grass | 글라스 / 그라스 | 글래스/ 그래스 |

[에피소드]

## Dream의 뜻은 '밥그릇'

• 초등 파닉스 교육에 그림이 있는 것이 좋을까?

2학년짜리 꼬마가 위의 그림처럼 생긴 밥/스프/국그릇 겸용 넓적한 머그에 물을 마시다가 문득 머그에 씌여진 단어의 알파벳을 보더니 띄엄띄엄 읽기 시작했습니다.

　　　드(d)..르(r)..이(ea)..므(m).. 드리프.. 드림??

별 자신없이 작은 소리로 읽은 후에 살짝 제 눈치를 보는 데 그 모습이 하도 귀여워서 엄지손가락 치켜들고 Excellnt!!! 짱이야~! 해줬습니다. 그랬더니 기고만장해진 이 꼬마, 아는 척하며 하는 말.

　　　'아하~~ 드림은 밥그릇이란 뜻이구나~!' 이러는 겁니다. 크흐흐...ㅎㅎㅎ ^^

제가 웃으며 '아니야~' 하자 눈을 동그랗게 뜨고 다시 묻는 것이었습니다.

　　　'그럼 별이란 뜻이에요?' ㅎㅎㅎ

전혀 모르는 단어를 스스로 읽어내는 모습이 너무 귀엽고 대견했습니다.

> **참고** 요즘 아이들은 유아시절부터 집이나 어린이집 등 여기저기서 간단한 영어에 노출됩니다. 알파벳 A와 사과그림이 그려진 책 또는 카드나 포스터 등 하나쯤 없는 집이 없을 정도입니다. 이런 식으로 귀동냥이 되어있는 영어를 학교에서 문자로 보기 시작할 때엔 글자를 보고 읽는 것이 아니라 글자들의 비슷한 형태

와 그림을 통째로 비슷하게 인식하므로 하나하나 꼼꼼히 스스로 읽는 습관형성에 그림은 방해가 되기도 합니다.

예를 들어 apple이라는 단어 옆에 사과그림이 있으면 appel로 쓰여 있어도 애플로 읽는 것이지요. 이 뿐만이 아니라 앞글자만 보고 떠오르는 단어를 말합니다. 그래서 자세한 스펠링은 보지도 않고 b만 보면 베어~, c만 보면 케트~, T만 보면 땡큐~, G만 보면 그레이트~, 라고 그 상황에 비슷한 단어로 읽습니다. 이러다보니 잘 읽는 것으로 보였던 단어인데 다른 책의 다른 문장 안에 있으면 못 읽는 경우가 생기기도 합니다. 그러므로 본격적인 파닉스학습에 들어갈 때는 글자읽기에 집중을 방해하는 그림이 없는 것이 더 나을 수 있습니다.

반대로 전혀 모르는 단어를 학습할 때 스스로 읽어내는데 옆에 그림이 있다면 단어뜻의 암기가 쉬워지겠지요. 관건은 아이가 제대로 스스로 읽고 그림을 보았느냐, 아니면 귀동냥이 된 단어인데 옆의 그림으로 소리를 기억해내서 말했는데 어른들 눈에는 제대로 읽는 것처럼 보였느냐를 학습지도자가 구별해야 한다는 것입니다.

먼저 쉽게 다가가려면 그림이 있는 것이 좋겠지만, 본격적인 학습엔 적절히 잘 활용되어야 합니다.
모든 아이들 개개인이 다 다르므로 그림의 적절한 활용에 대해 학습지도자의 주의가 필요합니다.
영어학습에 있어 그림의 존재여부는 상황에 따라 이처럼 다릅니다.

**[에피소드]**

## 액센트 굴욕사건

연고자도 전혀 없는 나라에 외국이라고는 처음 나간 것이 유학이라 모든 것이 너무 막막했던 저는 일단 하숙부터 시작했습니다. 시드니 도착 첫날 하숙집에 도착하여 아줌마와 이것저것 대화를 나누며 제 방과 하숙에 필요한 여러 가지 안내를 받았습니다. 아줌마의 자식들은 모두 결혼해서 분가하여 살고 아저씨는 got stroke(중풍)을 맞아서 입원했다가 nursing home(요양원)에 계시다는 이야기까지 나왔을 때 나는 자연스럽게 보험을 물어보게 되었는데 갑자기 아줌마가 못 알아듣는 것이었습니다.

insurance... 보험이라는 단어를 왜 못 알아듣는지 순간 당황스러워서 몇 번을 천천히 말했지만 전혀 감도 못 잡는 것이었다. 결국 insurance라는 단어의 스펠링을 하나하나 불러주게 되었는데 찬찬히 듣던 아줌마 왈.

"Oh~ in**sur**ance!!"

그 순간, 그때까지 제가 insurance라고 앞에다 액센트를 두었던 것을 깨달았습니다. 대학시절 전공이 무역학이었던 저는 대학 다니는 동안 무역영어 때문에 인슈어런스라는 단어를 자주 접하곤 했었습니다. 그런데 그 당시 앞쪽 액센트가 강한 경상도출신 학생들 사이에서 어느새 자연스럽게 굳어버린 습관이 '**인**셔런스'였던 것이었습니다. 아무리 그래도 그렇지. 그 정도 가지고 그렇게 못 알아들으시나~ 아줌마가 센스가 좀 없으시다고 생각하고 말았습니다.

그로부터 몇 년 후, 학교 앞에 포르투갈 레스토랑이 생겨 궁금하던 차에 오픈 기념으로 포르투갈식 치킨 런치 스페셜을 6달러에 제공하기에 한 번 가보았습니다. 맛은 별로 기억에 남지도 않지만 코리안 촌닭인 제가 포르투갈음식을 먹었다는 사실이 신기하고 신이 났던 저는 친한 친구에게 태어나서 포르투갈식 치킨(portuguese chicken)을 처음 먹어 보았노라고 자랑을 했습니다. 그런데 그 친구는 어리둥절한 얼굴로 'What?', 'I don't get it. What are you talking about???'만 반복하며 제 말을 전혀 못 알아듣는 것이었습니다.

천천히 여러 번~ **por**tuguese chicken!!! 했지만 그 친구는 알아듣지 못했고, 결국 다시 천천히 portugal style chicken이라고 설명하게 되었는데 친구의 반응은,

"Oh~! Protu**gue**se chicken!! Kimmy! You've got wrong accent!! You should say portu**gue**se chicken!!"

친구는 내가 **포**에다 액센트를 두고 '**포**~트귀스 치킨'이라고 하니 '**폴**~트리 poultry(닭, 오리, 칠면조 같은 가금류) chicken'으로 들었으며, '가금류 닭고기'를 태어나 처음 먹었다고 자꾸 그러니 저와 내가 함께 먹은 닭고기만도 얼만큼인데 도대체 무슨 소린지 알아들을 수가 없었다는 것이었습니다.

거~참~ 센스도 그렇게 없나! 내가 액센트 좀 틀렸기로소니 그렇게도 못 알아듣나?? 저는 당황스럽고 창피하고 짜증도 살짝 났습니다. 그러나 그 친구는 호주의 명문대학을 졸업했고 사회경력과 지성으로는 교수들에게도 대접받던 인사이니 하숙집 아줌마의 경우처럼 그의 지적 능력을 함부로 의심할 수도 없었습니다.

그날 제가 깨달은 것은 영어엔 액센트가 그 정도로 중요하다는 것이었습니다.
이 두 사건 이후로 저는 액센트를 조심하게 되었고, 덕분에 저의 영어는 더 자연스러워진 것 같습니다.

> **참고** 모든 단어에 액센트가 있는 것은 아니니 문장 안의 모든 단어에 액센트를 주지는 않습니다.
>
> 보통의 경우 액센트를 주는 단어들은 동사나 목적어에 있는 단어들이고, 주어나 관사 또는 전치사는 강조해야하는 경우를 제외하고는 액센트가 원래 없으니 약하게 발음합니다. 그러므로 액센트가 있는 단어들만 조금 신경 쓰면 자연스럽게 흐르는 억양이 생깁니다. 원어민들에게는 이런 억양이 중요합니다.
> 초등 어린이들에게 가르칠 때는 길고 자세히 설명하면 어렵게만 느끼므로, 문장 안에서 중요한 단어의 액센트만 강조하도록 하면 자연스러운 억양 형성에 도움이 됩니다.

### [세계의 문자를 통일해야 한다면 무조건 한글이 되어야 한다!]
– 세계적 석학, '총, 균, 쇠'의 저자 제러드 다이아몬드 교수의 한글 예찬 –

인류 문명의 불평등은 무기와 병균, 금속에서 비롯되었다는 흥미로운 이야기를 담은 퓰리처상 수상작 '총, 균, 쇠'(Guns, Germs And Steel)의 저자인 미국 캘리포니아 주립대(UCLA) 의과대학 제러드 다이아몬드 교수는 한글 예찬론자로도 유명하다. 올해 76세인 다이아몬드 교수는 20대로 돌아간다면 첫 번째로 한글을 배우고 싶다고 말했다. 그는 한글을 배우기 쉽고 읽기 쉬운 세계 최고의 문자라고 칭찬하면서 만약 세계의 여러 문자를 하나로 통합해야 한다면 무조건 한글이 되어야 한다고 했다.

지난해 10월 태국 방콕에서 열린 '제2차 세계문자올림픽'에서 한글이 27개 언어 중 1위를 차지했다고 한다. 한글의 우수성은 이미 세계 언어학자들이 공인했으니 한국 사람들이 주축이 돼 만든 이런 자화자찬식 대회는 중단해도 아쉬움이 없을 것이다. "한글은 그 무엇과도 비교할 수 없는 문자의 사치이며 세계에서 가장 진보된 문자다"(미국의 언어학자 레드야드). "한글은 모든 언어가 꿈꾸는 최고의 알파벳이다"(영국의 문화학자 존 맨). 그런 한글은 1997년 10월 유네스코 세계기록유산으로 등재됐고, 유네스코는 문맹 퇴치에 공이 큰 사람에게 '세종대왕상'을 수여하고 있다.

한글이 우수한 이유는 세상의 거의 모든 소리를 글자로 표기할 수 있기 때문이다. 한자는 8만 7,000자나 되지만 소리는 427가지밖에, 일본 문자는 50자로 301가지 소리밖에 내지 못하지만, 이론적으로 한글의 24개 자모로 만들 수 있는 글자는 1만 1,172자나 된다. 표음문자인 한글의 장점은 디지털 시대와 잘 어울린다는 점이다. 표의문자인 한자 입력은 발음에 해당하는 영문 알파벳을 쳐서 맞는 글자를 찾는 이중 과정을 거쳐야 한다. 일본 문자도 비슷하다. 한글은 자음과 모음을 번갈아 쳐주기만 하면 글자가 척척 만들어진다. 내용이 똑같은 문장을 입력하는 데 한자나 일본 문자는 한글보다 몇 배나 많은 시간이 걸린다.

23년 만에 한글날이 공휴일로 지정됐다. 한글날을 처음 제정한 때는 일제강점기인 1926년이다. 조선어연구회가 그해 음력 9월 29일(양력으로 11월 4일)을 '가갸날'이라 하고 처음으로 기념식을 거행했다. 그러다 1940년 경북 안동에서 '훈민정음' 원본이 발견되었고 반포일이 10월 9일로 확인돼 기념일을 바꿨다. 단일 민족, 단일 언어와 함께 한글은 대한민국의 통합과 발전에도 지대한 기여를 했음에 틀림없다. 공기처럼, 늘 가까이 있으면 소중함을 모르는 존재들이 있다. 한글도 그렇다. 한글의 소중한 가치를 안다면 인터넷 세대의 한글 파괴는 이젠 좀 멈추었으면 한다.

[출처: 손성진 수석논설실장, 서울신문, 2013년 10월 9일자]

**세계 최고의 문자, 한글**

## [위대한 한글! 한글의 우수성 감탄만 말고 활용을!!]

어느 미국인이 본 한글, 한글의 우수성

One example of unique Korean culture is Hangul, the Korean alphabet. There are no records in history of a king made a writing system for the benefit of the common people except in Korea. The Korean alphabet has an exact purpose and objective. So its use cannot be compared with other languages.

한국 문화의 독자성을 잘 보여주는 예가 바로 한글이다. 세계사를 통틀어 일반백성을 위해 문자를 만든 왕은 한국 말고는 없다. 그만큼 한글은 문자발명의 목적과 대상이 분명했다. 그러므로 그 효용성은 다른 문자와 비교할 수 없다.

For example, each Chinese character has a meaning, so people have to memorize all of them, but the Korean alphabet is made of phonetic letters just like English. Anyone can learn Hangul in a day, that is why it is called 'morning letter'. It is easy to learn because it can be put together with 10 vowels and 14 consonants. Hangul has 8,000 different kinds of sound and it is possible to write each sound.

예를 들면 한자는 글자가 의미를 가지고 있어 사람들은 모든 글자를 다 외워야 한다. 그러나 한글은 영어와 마찬가지로 소리를 기록하는 문자이므로 배우기가 쉽다. 그래서 한글은 아침글자라고도 불린다. 모든 사람이 단 하루면 배울 수 있다는 뜻이다. 10개의 모음과 14개의 자음을 조합하므로 때문에 배우기 쉽다(그 24개의 문자로). 약 8,000개의 소리를 가지고 있으며 각각의 소리를 적는 것이 가능하다.

Because Japanese letters imitate Chinese characters, they cannot be used without Chinese characters. The chinese government secretly sent scholars to the United States to alphabetize its language. Chinese is too difficult to learn, therefore the illiteracy rateis very high. Chinese thought it would weaken national competitive power.

일본어는 한자를 모방한 문자이기 때문에 한자 없이 사용되기 어렵고 또, 한자는 너무나 배우기 어렵다. 한때 중국정부는 은밀히 학자들을 미국에 파견해 한자의 알파벳화를 연구한 적이 있다. 그것은 한자가 너무 어려워서 문맹률이 높다. 중국은 그것이 국가 경쟁력을 약화시킨다고 생각했다.

Hangul has an independent reading and writing system. It can be used on its own, but some old generations like to use Hangul along with Chinese characters education.

한글은 독자적인 읽기와 쓰기의 체계이다. 독자적인 수행이 가능하지만 일부 기성세대는 한자교육을 병행하는 한글사용을 선호한다.

This is an anachronism and absolutely against the globalization of Hangul. Even the Chinese government recognized the weak points of its writing system for the coming 21st century.

이것은 무정부주의적 발상이며 한글의 세계화에 완전히 역행하는 자세이다. 중국 정부조차 21세기의 언어로서 한자의 약점을 인정하고 있다.

Latin was used as an official language of the Roman Catholic church. It has been used as a custom or religious authority for people who in Western societies, Latin is disappearing.

라틴어는 로마 가톨릭의 공식언어로 사용되었다. 관습상 또는 종교적 권위를 위해 그 의미조차 알지 못하는 서구 사람들에게도 사용되어 왔으나, 지금 라틴어도 사라지고 있다.

Hangul wasinvented 500 years ago, but it has on-ly been used for 100 years by all Koreans. Now it is standing in the world proudly with its value. Korean has been chosen as a foreign language in some universities in the United States and Australia. Now large Korean companies are building Factories in some Asian and Eastern European countries. These companies have invested a lot of money. The managers of those companies are also learning Hangul.

한글은 창제된 지 500년이 되었지만 실제로 모든 한국인에게 사용된 것은 100년이 채 되지 않는다. 그러나 이제 그 한글이 세계 속에서 자랑스럽게 우뚝 서 있는 것이다. 미국이나 호주의 몇몇 대학에서는 한국어를 제2외국어로 지정해 놓았다. 그리고 많은 한국의 기업들이 아시아나 동부 유럽 국가에 대규모 공장을 짓고 많은 돈을 투자했다. 그래서 지금 그 회사 간부들은 한글을 배우고 있다.

It is time to invest money and to make an effort to develop Hangul for the 21st century like the French government has done. The language of the future has a strong economic value. Hangul is seven times faster in computer operation ability than Chinese or Japanese.

이제 한국 정부도 프랑스 정부가 했던 것처럼 한글을 발전시키기 위해 노력과 투자를 아끼지 말아야 한다. 미래의 언어는 상당한경제적 가치를 갖는다. 컴퓨터에서 한글의 업무능력은 한자나 일본어에 비해 7배 이상 빠르다.

When Windows 95 appears on your screen, Hangul is breathing on the tips of your fingers beyond the time barrier.

윈도우 95가 당신의 화면위에 나타날 때, 한글의 위력은 시간의 벽을 초월하여 손끝에서 살아 숨쉰다.

The 21st century will be the age of information. National competitive power depends on the quantity and quality of information. Therefore the national goal for the Clinton administration is to end illiteracy. The American literacy rate is on-ly 79%. The Korean illiteracy rate is near the zero percent mark, because Hangul is easy.

21세기는 정보화 사회다. 즉 정확한 정보의 양과 질이 국가 경쟁력을 달려있다는 말이다. 그래서 현재 미국의 클린턴 대통령이 국가적 목표로 내세우는 것도 문맹의 퇴치이다. 현재 읽고 쓸 줄 아는 미국인은 고작 79%에 지나지 않는다. 그러나 한국의 그것은 거의 0%에 가깝다. 그것은 한글이 쉽기 때문이다.

데이비드 매캔 - 하버드대 교수, 한국학연구소장 [인터넷에서 펌]

## 한글, 무엇이 그토록 뛰어난가?

정인지는 〈훈민정음 해례본〉 서문에서 "슬기로운 사람은 하루아침을 마치기도 전에 깨우치고 어리석은 이라도 열흘이면 배울 수 있다. … 바람소리, 학의 울음소리, 닭 우는 소리, 개 짖는 소리일지라도 모두 이 글자를 가지고 적을 수가 있다"고 하였다. 실제로 한글은 배우고 쓰기가 쉬워 '아침글자'라고도 불린다.

중국어의 경우, 모든 글자를 외워야만 글을 쓸 수 있는 표의문자이다. 하지만 한글은 영어와 마찬가지로 표음문자이다. 그런데 영어는 철자 하나가 여러 가지로 발음된다. 예를 들어 'h'를 보면 how, show, english…에서 보듯이 하나의 'h'가 여러 가지로 발음된다. 결국 그 단어를 모르면 정확히 읽어내지 못한다. 그런데 한글은 하나의 철자가 오로지 하나의 소리만을 낸다. 그래서 기본 구성만 알면 무슨 글자도 다 읽을 수 있다.

또한 소리의 표현에 있어서도 일본어는 약 300개, 중국어는 약 400여개의 표현이 가능한 것으로 알려진 반면 한글은 10개의 모음과 14개의 자음을 조합하여 약 8,800개의 표현이 가능하다. 그리고 글자의 모양과 소리를 내는 발음 기관이 정확하게 일치한다. 예를 들어 'ㄹ'은 혀가 실제로 ㄹ에 가깝게 구부러진다. 또 'ㄱ'에 한 획씩 그으면 ㅋ, ㄲ이 된다. 단순히 한 획을 그음으로써 동일한 발음기관에서 나오는 서로 다른 소리를 다르게 정확히 표기할 수 있는 것이다.

이처럼 무한할 정도로 풍부하게 철자 표기가 가능하고 사람의 발음기관에 따른 가장 과학적인 언어, 그것이 바로 한글이기에 콜롬비아 대학 동양사학과 교수 G.Ledyard는 한글에 대해 '문자 언어학적 사치'라는 예찬을 했다.

우리가 늘 말하고 쓰는 우리말이기에 오히려 잘 느끼지 못하는 한글의 우수성과 위대함은 사실 해외에서 더 잘 알려져 있다. 영국의 존 맨이라는 역사 다큐멘터리 작가는 그의 저서 『알파 베타(ALPHA BETA)』에서 '한글은 모든 언어가 꿈꾸는 최고의 알파벳'이라고 소개했다. 또한 미국의 과학전문지 〈디스커버리〉가 1994년 6월호에서 '한글이 세계에서 가장 합리적인 문자'라고 극찬한 사실이나, 언어학에서 최고 권위를 자랑하는 영국의 옥스퍼드 대학에서 세계 모든 언어의 순위를 매겼는데 그 1위가 바로 한글이라는 것은 이미 너무 잘 알려진 사실이다.

한편 유네스코에서는 1989년에 '세종대왕 상(UNESCO King Sejong Prize)'를 만들어 해마다 인류의 문맹률을 낮추는데 공적을 세운 단체나 개인을 선정하여 상을 주고 있다. 1997년 10월에는 훈민정음(訓民正音)이 유네스코 세계기록유산으로 등재되었다. 또한 2007년 9월 세계지식재산권기구(WIPO) 제43차 총회에서는 183개국 만장일치로 한국어를 국제특허협력조약 국제 공개어로 채택했다.

세계인들이 먼저 알아준 한글의 우수성, 하지만 이제는 우리가 한글의 우수성을 자각하고 한글의 위상을 세계에 분명하게 알려야 할 차례이다.

## 우리의 말과 글로 세계가 하나로

아직까지 영어가 대세인 지금 당장 현실화되기는 어렵겠지만 한글을 세계 공통어로 쓰면 좋겠다는 얘기도 이미 언어학자들 사이에서 많이 언급된 바 있다.

한글로써 나타내지 못할 소리가 없어 국어 정보학회나 한글문자 세계화 운동본부 등에서는 국제 음성기호를 한글로 채택하자는 움직임도 있다. 유네스코에서는 '바벨계획'을 제안하여 언어 다양성과 정보 이용의 공평성을 높이는 운동을 벌이고 있는데, 말은 있되 이를 적을 글자가 없는 소수 민족 언어 사용자들에게 그들의 말을 한글로 쓰도록 함으로써 소수언어의 사멸을 막는 것도 언어 다양성을 높이는데 큰 몫을 할 것이라는 제언도 있다.

그리고 무엇보다, 첨단 정보화 시대가 된 현대에 와서 한글의 독창성과 우수함은 오히려 더욱 빛나고 있다. 한글의 문자와 소리의 일치성은 음성인식률이 높아 점점 현실화되고 있는 유비쿼터스 시대에 매우 유리한 조건으로 작용할 것으로 보이며 키보드와 휴대폰 문자입력 속도 또한 어떤 문자보다도 빠르다. 대한민국의 초고속 인터넷 및 휴대폰 보급률이 세계 1위라는 것은 결코 우연히 이루어진 것이 아니라 한글의 힘이 있었기에 가능했던 것이다.

2009년 9월 국립국어원 발표에 따르면 19~79세 남녀 1만2천 137명을 대상으로 문맹률을 조사한 결과 문맹율은 1.7%인 것으로 나타났다. 이는 전체인구로 추산하면 62만 명이며 주로 노인이 대다수 포함된 결과이다. 참고로 미국은 반문맹률을 21~23% 육박하며 이는 4천만 명에 달한다.

[출처: 월간개벽 2008년 10월호]

"한글은 세계 어떤 나라의 문자에서도 볼 수 없는 가장 과학적인 표기체계이다."
- 미국 하버드대 라이샤워 교수 -

"한글은 인류의 가장 위대한 지적 성취 가운데 하나임은 이론의 여지가 없다."
- 영국 언어학자 샘슨 서섹스대 교수 -

"한글이 그토록 중요한 것은 다른 모든 알파벳이 수백 년 동안 수많은 민족의 손을 거치면서 서서히 변형개량되어 온 것인데 반해 한글은 발명된 글자이기 때문이다. 한글은 세계적인 발명품이다."
- 미국 메릴랜드대 램지 교수 -

"한국인들이 1440년대에 이룬 업적은 참으로 놀라운 것이다. 그래서 한글날을 우리의 휴일로서 축하하기 위해 나의 아파트로 학생, 교수 등을 초대해 파티여는 일을 20년 이상 해오고 있다."
- 미국 미시간대 매콜리 교수 -

"한글은 세계에서 가장 훌륭하고 가장 단순한 글자이다.
24개의 부호가 조합될 때 인간의 목청에서 나오는 어떠한 소리도 정확하게 표현할 수 있다.
세종은 천부적 재능의 깊이와 다양성에서 한국의 레오나르도 다빈치라 할 수 있다"
- 펄벅의 『The Living Reed』 서문 -

[출처: 머니투데이, 한글로 국가마케팅, 한류 넘어 한국화 중에서 발췌. 문병환 기자, 2006. 02]

세계 최고의 문자, 한글

### 美과학잡지「디스커버리」극찬 한글 "세계문자중 가장우수"
동아일보 | 1994.05.25 기사(뉴스)

美과학잡지「디스커버리」극찬
한글 "세계문자중 가장우수"
모음 자음 쉽게 구별…科學的체계갖춰
한국인 문맹률 낮은것도 글자 영향 커

한글의 우수성이 美國에서도 평판을 얻고 있다.

미국의 가장 권위있는과학전문잡지중 하나인디스커버리 최신호는 24일 한글이 세계에서 가장 합리적인 문자이며그 독창성과 기호배합의효율성면에서 특히 돋보인다고 찬사를 보냈다.

세계적으로도 많이 읽히고있는 이 잡지 6월호는 제이드 다이어먼드가 기고한「쓰기,정확함」이라는 제하의 글에서 한글이 이러한 장점때문에「지식의 확산」이라는 문화적 측면에서뛰어난 성과를 얻고있다고 평가했다.
정연하게 배열되는 점을 적시했다.

특히 자음의 장점에대해서는 지난 1940년 세종대왕이 처음 만든 한글체 원본이 발견되기 전까지만 해도「비전문가가 글을 만들면서우연히 이같은 특징이주어진게 아니겠느냐」는것이 세계학계의 다수의견이었을만큼 그 과학적 체계성이 독보적인것이었다고 이 잡지는설명했다.

한반도에 문맹률이 극히 낮은 것도 한글의 이같은 간결성과 관련이있는것으로 보인다고 이기고문은 부연했다. 또남한이 여전히 한글과한자를 혼용하고 있는반면 북한은 한글만 고집하고 있는 점은 대조적이라고 이글은 소개했다.

이글은 영어를 한글과비교,영어의 경우 단어구성이 지극히 불규칙적이어서 학습에 혼란을주고 있다는 점을 들고이때문에 컴퓨터에 오자(誤字)수정 소프트웨어가 필요하며 국민학교4학년미만 아동들이 틀린 단어를 쓰는 경우가다반사라고 지적했다.

(워싱턴=南贊淳)

### 책을 맺으며

제가 한글을 활용한 파닉스를 정리하기 시작하게 된 동기는 사교육의 현장에서 영어를 싫어하는 아이들을 맡게 되면서부터였습니다. 초등학생 아이들이 영어를 진저리나게 싫어하게 되는 가장 근본적인 이유는 읽을 줄 모르기 때문입니다. 그래서 '영어 읽는 법을 쉽게 가르치는 방법'을 궁리하다가 한글을 활용하니 너무나 쉬웠고 효과는 200% 이상 좋았습니다. 읽을 줄을 아니 진저리나게 영어를 싫어하는 일은 아예 사라졌습니다. 그리고 학습 효율은 높아져서 성적이 잘 올랐고 그것은 결국 저를 편하게 일하도록 해주었습니다.

그런데 의외의 복병은 소수의 학부모들이었습니다. 영어를 배우는데 한글을 사용하는 것에 대한 무조건적인 거부반응이 그것이었습니다. 웬지 싸구려방법 같은 인식… 그런 이유로 몇 년 전까지만 해도 어린이 영어 파닉스교육책은 한글을 사용하는 책이 거의 없었습니다만, 지금은 한글활용의 효율성에 대한 인식이 많이 나아져 한글을 활용하는 책들이 점점 늘어나고 있습니다. 편견의 벽이 아무리 높아도 효율성의 진실은 이길 수 없는 모양입니다. 그러나 아직도 한글활용에 대한 인식은 아직도 많이 낮은 것으로 보입니다.

요즘은 사회양극화시대에 대하여 우려의 소리가 높습니다. 그런데 그 양극화 안에는 영어양극화도 포함됩니다. 영어 읽는법, 즉 파닉스를 제대로 배우거나 알고 있는 성인인구는 아주 적습니다. 부모나 학교에서 선생님들이 따로 가르치기엔 역부족이지요. 아직까지 파닉스교육은 사교육에서나 가능합니다. 그러니 따로 배우지 못한 받지 않는 아이들은 읽기가 어려우니 결국은 영어실력 또한 양극화로 이어지는 것입니다.

이런 양극화는 소득수준의 차이에서만 오지 않습니다. 모든 것이 대도시에 몰려있으니 사교육을 받기 힘든 농어촌 및 도서산간지역의 학생들 또한 배울 기회가 없기는 마찬가지입니다.

요즘은 개천에서 용이 나오기가 거의 불가능이라고 합니다. 이런 불공평한 조건 속에서는 용이 나오기 힘든 것 당연합니다. 영어실력은 개천에서도 용이 나올 수 있는 중요한 조건 중 하나입니다. 우리나라는 IT강국이라 책에 관한 정보이든 온라인 교육이든 넘치는 좋은 콘텐츠에 접근하기 쉽습니다. 그러나 읽기가 힘들면 그 좋은 매체를 제대로 활용할 수가 없습니다. 최소한 읽을 줄만 안다면, 학습의지가 있을 때 언제든지 그 좋은 많은 매체들을 큰 비용들이지 않고 양질의 교육이 가능합니다. 읽는 법을 알아야 환경과 상관없이 영어실력에 관한 모든 가능성이 열립니다. 이는 사교육 의존도 또한 낮출 수 있을 것입니다.

영어를 읽지 못해 답답한 것은 아이들뿐만 아닙니다. 많은 성인들이 대학을 졸업하고도 모르는 단어는 읽지 못하는 분들이 상당수이며, 여러 가지 이유로 뒤늦게나마 배워보려고 해도 학원의 초급반에 조차 적응하지 못하는 경우도 많이 접했습니다. 그 중 당장에 읽는 법이 절실한 분들은 자녀를 지도하고픈 부모님들이 많더군요. 영어를 읽을 줄 안다는 것은 뒤늦은 영어학습에의 새로운 시작에 큰 힘이 되어줍니다.

한글 표음능력은 앞 자료의 내용처럼 그 효율성이 거의 경이로운 수준입니다. 이런 감탄을 하면 과장된 것으로 생각하시는 분들이 간혹 있는데, 문자로서의 한글을 말씀드리는 것이지 우리말이 쉽다는 뜻이 아니니 구별하셔야 합니다. 이렇게 세계적인 표음문자인 우리 한글을 감탄만 말고 실용적으로 영어 파닉스 교육에 활용해야 합니다.

그간 학자와 교사를 포함한 영어관계자들 중 일부 뜻있는 분들의 한글활용 파닉스교육의 시도가 없지 않았습니다. 한글을 활용하는 것이니 한글 관계자들의 관심이기도 합니다. 조속히 이 모든 것들이 통합 정리되어 초등 공교육에 적용되어 아이들이 알파벳만 외우는 것이 아니라 읽는 법을 배울 수 있기를 바라는 마음입니다.

2012년 겨울
김현실 두손모음(♥)

### 개정증보판을 내며

모르는 단어는 읽기조차 힘들어서 영어를 포기하는 많은 사람들이 안타까워하다 보니 표음문자인 알파벳과 한글의 호환성을 활용하여 쉽게 배울 수 있는 이 책을 만들게 되었습니다. 사교육 없이도 언제 어디서나 영어를 읽고 제대로 발음하는 법쯤은 누구나 쉽게 배울 수 있기를 바라는 마음을 담고 만들었던 책이 별다른 마케팅도 없었는데 소리 소문 없이 스테디셀러가 되어 이제 개정증보판을 내놓게 되었습니다.

많은 분들에게서 도움이 되었다는 감사도 받았고 격려도 많이 받았습니다. 모든 독자분들께 진심으로 크게 감사드립니다.

조금 더 정리되고 보충된 개정판으로 다시 시작하니 아직 이 책과 인연이 닿지 못한, 이제 시작하는 학생들과 다시 시작해보려는 성인들에게 많은 도움이 되기를 바랍니다. 감사합니다.

2016년 가을
김현실 _(♥)

### 저자약력

건국대학과 대학원에서 무역학을, 호주 Uni. of W. Sydney와 SIT Design Centre, Enmore에서 Graphic Design을 전공하고 무역과 디자인과 영어교육이 관련되는 다양한 일들을 했습니다.
이후에 미술치료와 표현예술심리상담을 다시 전공하고 지금은 그에 관련한 일을 하고 있습니다.

○ 블로그: http://truely00.blog.me

**뚜띠쌤의 너무 쉬운 영어 읽는법 : 개정증보판**

| | |
|---|---|
| 초   판 1쇄 발행 | 2013년 1월 20일 |
| 초   판 2쇄 발행 | 2013년 5월 25일 |
| 초   판 3쇄 발행 | 2013년 11월 20일 |
| 초   판 4쇄 발행 | 2014년 9월 30일 |
| 초   판 5쇄 발행 | 2015년 1월 30일 |
| 초   판 6쇄 발행 | 2015년 11월 15일 |
| 개정증보판 1쇄 발행 | 2016년 11월 10일 |
| 개정증보판 2쇄 발행 | 2017년 7월 20일 |
| 개정증보판 3쇄 발행 | 2018년 6월 20일 |
| 개정증보판 4쇄 발행 | 2021년 2월 10일 |

지은이 —— 김 현 실
펴낸이 —— 전 두 표
펴낸곳 —— 도서출판 **두남**
　　　　　서울시 강동구 성내로6길 34-16 두남빌딩
　　　　　신 고 : 제25100-1988-9호
　　　　　TEL : 02) 478-2065~7, 2311
　　　　　FAX : 02) 478-2068
　　　　　E-mail : dunam1@unitel.co.kr
　　　　　http://www.dunam.co.kr

정가 16,000원

ISBN 978-89-6414-711-5　　13740

---
**불법복사는 지적재산을 훔치는 범죄행위입니다**
저작권법 제97조의 5(권리의 침해죄)에 따라 위반자는 5년 이하의 징역 또는 5천만원 이하의 벌금에 처하거나 이를 병과할 수 있습니다.